El Poder de la Alabanza

El Poder
de la
Alabanza

El Poder de la Alabanza

se narra cómo la dinámica de la alabanza revoluciona vidas

MERLIN R. CAROTHERS

Autor de:
«*De la prisión a la alabanza*»

La misión de Editorial Vida es ser la compañía líder en satisfacer las necesidades de las personas con recursos cuyo contenido glorifique al Señor Jesucristo y promueva principios bíblicos.

EL PODER DE LA ALABANZA
Edición en español publicada por
Editorial Vida – 1976
Miami, Florida

©1974 Por Editorial Vida

Originally published in the USA under the title:
Power in Praise
Copyright ©1972 by Logos International

Traducción: *Helena Gaertner de Taibo*

Diseño de cubierta: *Gustavo A. Camacho*

ISBN: 978-0-8297-0444-0

CATEGORÍA: *Vida cristiana / General*

IMPRESO EN ESTADOS UNIDOS DE AMÉRICA
PRINTED IN THE UNITED STATES OF AMERICA

14 15 16 17 ❖ 55 54 53 52 51 50 49 48

INDICE

"*Si alguien pudiera mostrarle el camino más corto y más seguro para alcanzar toda la felicidad y toda la perfección, debería indicárselo para hacer de ello una regla a fin de dar las gracias y alabar a Dios por cada cosa que le sucede. Porque es cierto que cualquiera aparente calamidad que le ocurra, si da las gracias y alaba a Dios por ello, se transformará en una bendición.*"

William Law, Clérigo inglés, Siglo XVIII

"*Doy gracias a Dios por mis impedimentos, porque por medio de ellos me he encontrado a mí misma, mi carrera y a mi Dios.*"

Helen Keller

"*Bienaventurado es quien sabe someterse a la voluntad de Dios; siempre será feliz. Podrán los hombres hacer lo que quieran con él. . . pero no se preocupa pues sabe que "todas las cosas les ayudan a bien, esto es, a los que conforme a su propósito son llamados.*"

Martín Lutero

"*Clame a Dios pidiendo misericordia para que pueda ver su mano en cada prueba y, entonces, le concede la gracia. . . de someterse enseguida. No sólo someterse, sino doblegarse y regocijarse por ello gozosamente. Creo que, generalmente, cuando llegamos a esto, vemos el fin de la aflicción.*"

Charles H. Spurgeon

1

El poder de la alabanza

Durante treinta años el padre de Jim había sido alcohólico. Todos aquellos años, la madre de Jim y, más tarde, Jim y su joven esposa, rogaron a Dios que le sanara, pero sin resultado aparente. El padre de Jim no quería admitir que tuviera un problema con el alcohol y se ponía furioso si alguien le mencionaba algo sobre religión.

Un día, Jim me oyó decir algo sobre el poder que se experimenta cuando empezamos a alabar a Dios por cada cosa en nuestra vida, en lugar de interceder para que cambie las circunstancias que nos son dolorosas.

Jim puso la cinta magnetofónica de esta reunión una y otra vez para que la oyesen sus amigos. Pero un día se dio cuenta de que él mismo nunca había intentado dar gracias a Dios por la condición de su padre. Enseguida, fue a buscar a su esposa para hacerle partícipe de este pensamiento. —¡Querida —le dijo— demos gracias a Dios porque él ha permitido que nuestro padre tenga esta tentación con el alcoholismo y alabémosle porque ello es parte de su plan maravilloso para su vida!

Durante el resto de aquel día dieron gracias y alabaron a Dios por cada aspecto de esta situación y, al anochecer, sintieron una emoción y una expectación nuevas.

Al día siguiente, los padres fueron a comer a casa del hijo como tenían la costumbre de hacer todos los domingos. De ordinario, el padre de Jim se quedaba el menor tiempo posible después de la comida, marchándose enseguida. Pero esta vez, de repente, y mientras tomaba una taza de café, hizo una pregunta muy significativa.

—¿Qué piensan en cuanto a este movimiento denominado Revolución de Jesús? —preguntó dirigiéndose a Jim—. He leído algo acerca del mismo en el diario la otra noche. ¿Se trata sólo de una novedad o es algo real que experimentan esos muchachos que estaban drogados?

La pregunta llevó a una larga discusión acerca del cristianismo, y el matrimonio mayor no se marchó hasta bien entrada la noche.

Después de algunas semanas, el padre de Jim reconoció su problema respecto de la bebida, se volvió a Jesucristo y fue completamente curado. Ahora, él se une al resto de la familia para contar a otros lo que puede resultar de la alabanza a Dios.

—Date cuenta —le dijo Jim a su esposa—. Durante treinta años le pedimos a Dios que cambiara a mi padre. Sólo durante un día le alabamos por su sabiduría de hacernos vivir con este problema, y mira lo que ha ocurrido.

Muchos de nosotros usamos las frases "¡Ala-

EL PODER DE LA ALABANZA 11

bado sea Dios!", y "¡Gracias a Dios!", con tanta soltura, que llegan a perder su verdadero significado.

Alabar, según el diccionario, significa ensalzar, celebrar, elogiar, aclamar expresando también aprobación. El alabar, entonces significa que aceptamos, o que estamos de acuerdo con lo que aprobamos. De modo que, alabar a Dios por una situación difícil, una enfermedad o una desgracia, significa literalmente que aceptamos o aprobamos lo que está ocurriendo como parte del plan de Dios para nuestra vida.

Realmente, no podemos alabar a Dios sin estar agradecidos por aquello por lo cual le estamos alabando. Y, realmente, no podemos estar agradecidos sin sentirnos gozosos por todo aquello por lo que le damos gracias. La alabanza, entonces, comprende la gratitud y el gozo.

El mero hecho de que alabamos a Dios y no a un destino o azar desconocidos significa también que aceptamos el hecho de que Dios es responsable de lo que sucede. De otro modo, no tendría objeto darle gracias.

"Estad siempre gozosos. Orad sin cesar. Dad gracias en todo; porque ésta es la voluntad de Dios para con vosotros en Cristo Jesús" (1 Tesalonicenses 5:16-18).

He encontrado muchas personas que alaban a Dios por sus circunstancias, simplemente porque aceptan la palabra de la Biblia que enseña a alabar a Dios por cada cosa. Alabando a Dios, experimentan pronto el resultado de una actitud de constante gratitud y gozo, y, a su vez, su fe es fortalecida y pueden continuar viviendo de este modo.

Otras personas lo encuentran algo más difícil. "Yo no comprendo", dicen. "Trato de alabar a Dios, pero, ¡me es tan difícil el creer que él haya en realidad permitido que me sucedieran cosas tan terribles últimamente!"

Decimos que no comprendemos, y aún algunos de nosotros dudamos; nuestro entendimiento se vuelve tropezadero en nuestra relación con Dios. Pero Dios tiene un plan perfecto para nuestro entendimiento, y si lo seguimos de la forma que él quiere, no es un tropezadero, sino una ayuda maravillosa para nuestra fe.

"Porque Dios es el Rey de toda la tierra", dice el salmista. "Cantad alabanzas con inteligencia." (Salmo 47:7. *Versión Amplificada.*)

No se trata de forzar nuestro entendimiento fuera de lugar, y decir: "No lo comprendo, pero alabaré a Dios aunque me resulte difícil, si ése es el único modo de salir del atolladero."

Esto no es alabar, sino manipular. Todos hemos tratado, en una u otra ocasión, de manejar a Dios, y es maravilloso saber que él nos ama demasiado para abandonarnos. Hemos de alabar a Dios con entendimiento, y no a pesar de ello.

Nuestro entendimiento nos lleva a confusión cuando tratamos de querer comprender el *porqué* y el *cómo* permite Dios ciertas circunstancias en nuestra vida. Nunca podremos comprender el *porqué* y el *cómo* hace Dios algunas cosas, pero él quiere que aceptemos con nuestro entendimiento *que él las hace*. Esta es la base para nuestra alabanza. Dios quiere que comprendamos *que* él nos ama y *que* tiene un plan para nosotros.

"Y sabemos que a los que aman a Dios, todas las cosas les ayudan a bien" (Romanos 8:28).

¿Estamos ahora rodeados de circunstancias difíciles? ¿Hemos estado luchando por entender el porqué se nos han venido encima? Entonces, intentemos aceptar con nuestro entendimiento que Dios nos ama y que ha permitido esas circunstancias porque sabe que son buenas para nosotros. Alabémosle por lo que él ha puesto en nuestras vidas; hagámoslo deliberadamente y con nuestro entendimiento.

Un matrimonio me oyó hablar sobre la alabanza a Dios por todas las cosas y se fue a su casa totalmente turbado. Durante muchos meses habían sufrido a causa del estado físico de su hija, a la que habían tenido que internar en una institución para alienados y el diagnóstico había sido que su enfermedad era incurable.

Se pidió a diferentes grupos de oración que intercedieran por ella y diariamente los padres oraban de rodillas, a fin de que su hija fuera sanada. Pero su condición seguía invariable.

Su actitud inicial al reto de que habían de alabar a Dios por el estado de su hija les dejó aturdidos y tristes.

—Sería una blasfemia —dijo la esposa— dar gracias a Dios por algo tan obviamente malo. Si le damos gracias, ¿no significa esto que le acusamos de haber hecho el daño deliberadamente a nuestra hija? Esto no me cabe en la mente en relación a un Dios de amor.

—No parece razonable —confirmó el marido—. Pero, ¿qué sucedería si aquel orador tuviese razón?

La mujer miró desesperanzada a su esposo.
—No lo sé —dijo ella.
—Nada tenemos que perder, ¿no es así? —ma-

nifestó el marido, que seguía pensativo—. Podemos intentarlo —continuó diciendo.

Se arrodillaron juntos.

"Amado Señor", comenzó diciendo el marido, "sabemos que tú nos amas y que amas a nuestra hija aún más que nosotros. Ayúdanos a confiar en que tú estás obrando en su vida lo que sabes es mejor para ella; de modo que te damos las gracias por su enfermedad, gracias porque ella está en el hospital, gracias por los médicos que no han hallado un remedio para ayudarla. Te alabamos, ¡oh Dios!, por tu sabiduría y amor para con nosotros."

Cuanto más oraban aquel día, tanto más se convencían de que Dios hacía lo que era mejor.

Al día siguiente, les llamó por teléfono el psiquiatra del hospital. —Señor —dijo— ha habido un cambio notable en su hija, y yo le ruego que venga y la vea.

Después de dos semanas, salía del hospital, curada. Un año más tarde, vino a verme un joven después del culto. Se presentó como el hermano de dicha joven, y me manifestó que ella se había casado, que estaba esperando un niño, y que era "la muchacha más feliz del mundo".

Una madre vino en cierta ocasión a visitarme y quería que orase por su hija que era una bailarina en un club nocturno. Le contesté que oraría gustosamente a su favor y que daría gracias a Dios por la situación de su hija. La madre, al decirle esto, me miró horrorizada.

—No me diga —me respondió— que puede dar gracias a Dios porque mi hija se burle de la religión y se mofe de la decencia. Antes daría gracias al demonio por su miseria, pero no a un Dios de amor.

La madre tenía que enfrentarse con una elección difícil. Toda su vida había sabido dar gracias a Dios en todas las cosas y condenar al diablo por todo lo malo. Juntos buscamos en las páginas de mi Biblia los versículos que hablan de que Dios es poderoso para obrar todas las cosas para bien de los que le aman y confían en él, y que espera de nosotros la gratitud en todas las cosas, sin mirar lo malo de nuestra situación.

—Usted puede seguir pensando que la situación de su hija está controlada por el demonio, y por su falta de fe el poder supremo de Dios está limitado en la realización de su plan perfecto en favor de su hija, o puede usted creer que Dios está obrando, darle gracias por todas las cosas y, por lo tanto, dejar que su poder obre en la vida de su hija.

Finalmente, la madre acordó intentarlo.

—No comprendo por qué tenga que ser de esta manera —dijo ella—, pero quiero confiar que Dios sabe lo que está haciendo y quiero darle las gracias por ello.

Oramos juntos y la madre se fue con una paz renovada en su corazón acerca de toda la situación.

—Por primera vez —me dijo radiante— no estoy preocupada por mi hija.

Más adelante me contó lo que había sucedido ese mismo día.

Aquella noche, su hija estaba bailando casi desnuda en su pequeño escenario, cuando entró un joven en el club nocturno. Fue directamente hacia ella, la miró fijamente, y le dijo: —Jesús la ama.

Esta muchacha estaba acostumbrada a escuchar toda clase de observaciones de jóvenes, pero nunca había oído algo semejante. Se bajó del escenario, y se sentó al lado del joven, y le preguntó: —¿Por qué me ha dicho usted eso?

El le explicó que estaba paseando por la calle cuando se sintió impulsado por Dios a entrar en ese club nocturno y decir a la bailarina que estuviese bailando que Jesucristo le ofrecía gratuitamente la vida eterna.

Aturdida, la joven le miró fijamente; luego, sus ojos se llenaron de lágrimas, y dijo serenamente: —Me gustaría recibir ese don.

Y allí mismo lo recibió, sentada a la mesa de ese club nocturno.

Alabar a Dios no es una medicina exclusiva, un cúralo todo, o una fórmula mágica para obtener el éxito. Es un modo de vida que está respaldado por la Palabra de Dios. Alabamos a Dios no por el resultado esperado, sino por la situación tal y como es.

En tanto que alabamos a Dios, mirando de reojo, en secreto, al resultado deseado, estamos engañándonos a nosotros mismos y podemos estar seguros de que nada ocurrirá que nos cambie o que cambie nuestra situación.

La alabanza está basada en una aceptación total y gozosa de lo presente como parte de la voluntad perfecta y amorosa de Dios para nosotros. La alabanza no está basada en lo que pensamos o esperamos que acontezca en el futuro. Es una "ley" absoluta, que claramente puede observarse en la práctica de la alabanza.

¡Alabamos a Dios, no por lo que esperamos que ocurra en nosotros o a nuestro alrededor, sino que le alabamos por lo que él es y por el lugar y la forma en que nos encontramos *ahora* mismo!

Es, por supuesto, un hecho, que cuando alabamos honestamente a Dios, algo *ocurrirá* como resultado. Su poder fluye obviamente en la situación y observaremos, tarde o temprano, un cambio en nosotros o alrededor de nosotros. El cambio puede consistir en que experimentemos un verdadero gozo y una verdadera felicidad en medio de lo que antes se nos aparecía como una situación miserable, o que haya un cambio de la situación. Pero esto ha de ser un *resultado* de la alabanza, y no debe ser el motivo de la alabanza.

No alabamos a Dios por el interés. No decimos: "Te alabaré a fin de que puedas bendecirme, oh Señor."

Alabar a Dios es deleitarnos en él, y el salmista escribió: "Deléitate asimismo en Jehová, y él te concederá las peticiones de tu corazón" (Salmo 37:4).

Nótese el orden de importancia. No hacemos una lista de los deseos de nuestro corazón, y luego nos deleitamos en el Señor a fin de conseguirlos. Primeramente, hemos de deleitarnos, y una vez que, realmente, experimentemos este deleite de la comunión con Dios, descubriremos que todas las demás cosas son secundarias. También es verdad que Dios quiere darnos todo lo que nuestro corazón anhela. Nada menos que esto es su deseo y su plan para nosotros.

¡Si tan sólo pudiésemos aprender a deleitarnos en el Señor en todas las cosas!

Un matrimonio cristiano tenía dos hijos. Uno era su orgullo y su gozo, pues vivía con los padres y participaba de su ardorosa fe cristiana.

Una vez cuando estaba comiendo en casa con ellos me dijeron confidencialmente que el otro hijo mayor era un rebelde y se había marchado de casa. Se había graduado con matrículas de honor, pero había dado la espalda a sus padres y a la sociedad. Ahora iba vagabundeando como un "hippie", sin aparente objetivo en la vida.

Los pobres padres me preguntaron si tenía un consejo para ellos. Les contesté que yo creía que Dios les había dado ese hijo y que estaba contestando sus oraciones en favor de su salvación.

—Si sus oraciones son sinceras —dije— entonces pueden ustedes estar seguros de que esta vida que lleva es la que Dios cree que le conviene a él y a ustedes.

—Entiendo —dijo el padre—. Nosotros deseamos lo mejor para nuestro hijo, y eso debe ser lo que Dios quiere para él y para nosotros.

Nos pusimos a orar juntos alrededor de la mesa y dimos gracias a Dios por llevar a cabo el plan que tiene a nuestro favor de la manera que a él le parece mejor. A continuación, los padres experimentaron un gran alivio y una paz renovada.

Después de algún tiempo, me escribieron. Desde nuestra reunión en su casa, los padres persistieron en dar gracias a Dios por la situación en la que se encontraba su hijo, aunque ellos la hallasen difícil de comprender. Entonces, un día, su hijo tuvo un accidente andando en la bicicleta, y se hizo una herida dolorosa en un pie.

Cojo temporalmente, decidió volver a su casa por algún tiempo. Informó a sus padres que había dejado cuentas impagas por doquiera había ido. Los padres oraron acerca de ello y decidieron que si Dios realmente estaba obrando con respecto a su hijo en todo lo que le sucedía, él también había permitido las deudas. De modo que dieron gracias a Dios por ello y pagaron todas las deudas, hasta el último centavo.

El muchacho estaba atónito. El había pensado que iba a ser reprendido, y que se le iba a decir que asumiera sus propias obligaciones. En lugar de eso, sus padres estaban tranquilos, llenos de amor, y parecían aceptar su modo de vestirse y de llevar desordenadamente sus cabellos, sin la menor murmuración o queja.

Cierta noche varios jóvenes cristianos vinieron a visitar al hijo menor. El hermano mayor estaba irritado por la intrusión, pero su pie inválido le impidió marcharse de la casa. Los jóvenes cristianos le contaron entusiasmados lo que Jesucristo había hecho y estaba haciendo en sus vidas. Al principio, el hermano mayor criticó severamente lo que él llamaba un proceder ingenioso e irreal, pero después de algún tiempo se quedó atento, escuchando y haciendo preguntas escudriñadoras. Aquella noche aceptó al Señor Jesucristo como su Salvador.

Sus padres me escribieron gozosos acerca del cambio drástico que había experimentado su hijo. El decidió seguir a Jesucristo y servirle. Empezó a estudiar la Biblia con todo interés y pocos días después pidió, y recibió, el bautismo del Santo Espíritu, la experiencia que habían recibido los discípulos de Jesús el día de Pentecostés después de la muerte y resurrección de Cristo. Algunos días después, este muchacho conoció a una joven cristiana y, luego de unas semanas, se comprometió con ella para casarse más tarde.

Meses de oraciones ansiosas no llevaron a cabo un cambio en este joven. Sólo cuando los padres se volvieron a Dios aceptando gozosamente la presente situación en cuanto a la vida de su hijo, la puerta se abrió para que Dios completara su plan perfecto para todos.

Dios tiene un plan perfecto para su vida y la mía. Quizá miremos las circunstancias que nos rodean y pensamos que nos hemos quedado para siempre inmóviles en un lugar doloroso. Cuanto más pedimos y clamamos a Dios que nos ayude, entonces más parecen amontonarse las circunstancias. El punto culminante no puede llegar hasta tanto no empecemos a alabar a Dios *por* nuestra situación en lugar de clamar a Dios para que nos la quite.

Una mujer joven me escribió diciéndome cómo había llegado al límite de su paciencia. Ciertas circunstancias personales difíciles le habían llevado a perder su propio respeto, empezando a descuidar su aspecto exterior.

—Comer era mi escapatoria —me escribía—, y pronto fueron añadiéndose kilos a mi figura. Mi esposo empezó a mirar a otras mujeres, y un buen día se marchó, pidiéndome luego el divorcio.

Las cuentas empezaron a acumularse, los nervios se le fueron alterando y el pensamiento de suicidio se le presentaba cada día en forma más frecuente.

"Todo este tiempo oraba incesantemente", escribió más tarde. "Leía mi Biblia, iba a la iglesia siempre que estaban abiertas sus puertas y a cada persona conocida le pedía que orase por mí. Mis amigos creyentes me animaban para que no perdiera la fe, para que no me dejase abatir; las cosas irían mejor mañana. Pero todo fue de mal en peor. Entonces, alguien me dio el libro "El secreto del poder espiritual". Lo leí y, al principio, no podía creer que usted fuese un hombre serio. Nadie, con mente sana, podía esperar que estuviese agradecida por todo lo que me estaba ocurriendo, precisamente en ese entonces. Pero cuanto más leía el libro, más clamaba. Poco a poco se fue haciendo más claro en mi mente que lo que usted escribía era real. Aquellos versículos de las Escrituras acerca de dar las gracias a Dios por todas las cosas los había leído en mi Biblia muchísimas veces y nunca había comprendido realmente su significado."

Ella decidió intentar dar gracias por todas las cosas. Después de todo, ¿qué podía perder? Empezó a aumentar de peso tan rápidamente que sabía que podría sufrir un ataque al corazón en cualquier momento. Con un ligero vislumbre de esperanza se arrodilló en su habitación para orar.

"Dios, te doy gracias porque mi vida es como es. Cada problema que tengo ha sido un don tuyo para llevarme al lugar en que ahora estoy. No habrías permitido cualquiera de estas cosas si no hubieses sabido que era lo mejor para mí. ¡Oh Dios, verdaderamente me amas! Yo lo pienso así, Dios mío, yo sé que tú me amas."

En ese momento su oración fue interrumpida por el perro que ladraba al cartero. Cada día el perro saludaba a todo visitante de su casa con intensos ladridos. Esto era una de las muchas cosas insignificantes que la irritaban y que parecían amontonarse para hacerle el día insoportable. Cuando se levantó y fue hacia la puerta para hacer callar al perro, con su acostumbrado autoritario tono, ella recordó de repente: "Yo me he propuesto dar las gracias por todo." "Es cierto, Dios mío, te doy gracias por los ladridos del perro."

El cartero le llevaba una carta y ella miró extrañada la letra familiar del sobre. ¡No podía ser! ¡Nada había sabido de su marido desde hacía varios meses! Dios no podía haberle cambiado *tan* rápidamente. Con mano temblorosa, abrió la carta y la leyó. "Si aún estás dispuesta, podría haber un medio para arreglar nuestro problema."

La sincronización de Dios había sido perfecta. Llena de gozo, esta joven esposa estaba ahora dispuesta a creer que Dios estaba, ciertamente, obrando en su vida para bien. Se dispuso a perder peso como la mantequilla se derrite en un plato caliente. Sus amigos empezaron a comentar: "Te ves muy bien. ¿Qué te ha ocurrido? ¡No pareces la misma persona!" ¿La misma? Sí y no. Era el mismo ser físico, pero ahora vivía en una nueva dimensión de fe, sabiendo que Dios obraba para bien en cada detalle de su vida. El marido volvió y se reunieron nuevamente. Ella me escribió más tarde: "Algunas mañanas me despierto con el pensamiento de gratitud hacia Dios diciendo cosas como ésta: "Oh Dios, gracias por este hermoso día. Te amo."

El punto culminante en su vida llegó al empezar a aceptar sus circunstancias presentes con gratitud. Esta es una perfecta ilustración del principio espiritual en acción.

Dios tiene un perfecto plan para nuestras vidas, pero no nos puede impulsar a dar el próximo paso de su plan hasta que aceptemos gozosamente nuestra situación presente como parte de ese plan. Lo que haya de ocurrir después, es cosa de Dios, no nuestra.

A algunas personas les gustaría negar este hecho. Miran la transformación operada en las vidas de las personas que han aprendido a alabar a Dios por cada cosa e insisten en que la explicación sea algo sencillo.

"Un cambio de actitud lleva consigo circunstancias distintas", dicen. "Es simplemente algo psicológico. Si dejamos de quejarnos, y empezamos a reír, nos sentimos diferentes, otras personas nos tratan de modo distinto, y toda nuestra vida puede experimentar un cambio dramático para bien."

Estoy de acuerdo que este lema: "Ríe, y el mundo reirá contigo; llora, y llorarás solo", es una advertencia razonable, hasta un cierto punto. Pero alabar a Dios es algo más que un cambio en nuestra propia actitud.

No hay poder en nuestras palabras de alabanza como tales. No hay poder en nuestra actitud de gratitud y gozo. Todo el poder en la situación viene de Dios. Necesitamos, de forma frecuente, recordarnos a nosotros mismos este hecho. Es fácil caer en la tentación de pensar que *nosotros* tenemos el poder de manipular o modificar una situación simplemente al recitar una cierta forma de oración.

Cuando aceptamos sinceramente nuestra situación, y le damos las gracias a Dios, creyendo que él la ha originado, luego interviene en esa situación, una fuerza divina y sobrenatural que proporcionará cambios inexplicables en lo natural.

Cuando prestaba servicios como capellán en Fort Benning, Georgia, un joven soldado trajo a su esposa a mi despacho para que la ayudara. Ella padecía unos dolores fortísimos en la espalda, a causa del uso de drogas, y el médico no había podido recetarle una cura. El temor y los sufrimientos habían dejado surcos profundos en su hermoso rostro.

—No puedo dormir —decía—. Ni siquiera puedo cerrar los ojos durante un minuto sin ver animales horribles corriendo hacia mí.

Su esposo me explicó que, cuando su mujer caía dormida de puro agotamiento, casi enseguida empezaba a gritar.

—Trato de moverla, para que despierte, pero algunas veces tarda diez minutos, hasta que le vuelve el conocimiento, y durante todo el tiempo grita tan angustiosamente que me lleva a mí hasta la desesperación —dijo el marido.

Yo escuché la trágica historia, y dije: —Tengo sólo una sugerencia. Arrodíllense conmigo y demos gracias a Dios de que usted está tal como está.

Los dos me miraron extrañados como si estuviesen seguros de que no había pensado lo que había dicho. Cuidadosamente expliqué como había aprendido que Dios quiere que le demos las gracias por todas las cosas.

—Todas las cosas que han sucedido en sus vidas han contribuido a llevarles a este punto preciso —dije—. Yo creo que Dios les ama y va a hacer algo muy maravilloso con ustedes. Ahora, él desea que le den las gracias por todo aquello que ha contribuido a que se acerquen a él.

Hojeé mi Biblia y, entonces, les mostré los versículos que tenía subrayados.

Los dos aceptaron lo que habían oído y se arrodillaron para dar gracias a Dios por todas las cosas en sus vidas, particularmente por los dolores que ella padecía a causa de las drogas. Yo pude sentir la presencia de Dios en la habitación.

—El Espíritu Santo está mostrando que la está sanando ahora mismo —dije.

Puse mi mano sobre la cabeza de la señora y oré: "Gracias, Señor, por sanar a esta joven ahora mismo."

Ella abrió los ojos, y me miró extrañada.

—Algo me ha ocurrido. Cuando cerré los ojos para orar no veía nada.

—El Señor Jesucristo la ha sanado —respondí—, y ahora él quiere entrar en su corazón como su Salvador. ¿Quiere usted aceptarle?

Los dos, la joven y su marido, contestaron inmediatamente: "¡Sí!" Y, permaneciendo de rodillas, pidieron al Señor Jesús que entrase en sus vidas. Luego, salieron de mi despacho llenos de gozo.

La curación de la joven fue permanente. Nunca más sufrió alucinaciones. El poder de la droga sobre su mente fue vencido por el poder de Dios.

Las autoridades médicas reconocen su imposibilidad de tratar a los drogadictos que han vivido años esclavizados por las drogas. Sin embargo, en años recientes hemos oído, y cada vez con mayor frecuencia, que adictos a las drogas han sido curados después de diez, veinte o treinta años de estar fuertemente dominados por ellas. Han sido liberados por la intervención sobrenatural de Dios en sus vidas.

Esta clase de cambio no puede operarse por una actitud nueva o un determinado esfuerzo de voluntad. Es el poder de Dios obrando en las vidas humanas.

Cualquier forma de oración sincera abre las puertas al poder de Dios para entrar en nuestra vida. Pero la oración de alabanza pone en acción el poder de Dios más que cualquiera otra forma de petición. La Biblia nos da ejemplos que nos demuestran, una y otra vez, este hecho.

"Pero tú eres santo, tú que habitas entre las alabanzas de Israel", leemos en el Salmo 22:3. No debería extrañarnos que el poder y la presencia de Dios estén cerca cuando le alabamos. ¡El mora, reside, vive en nuestras alabanzas!

Un ejemplo notable de cómo Dios obra mientras le alabamos se encuentra en 2 Crónicas 20.

Josafat era rey de Judá y un día descubrió que su pequeño reino estaba rodeado de enemigos poderosos, los moabitas y los amonitas. Josafat sabía que la pequeña nación de Judá no podía luchar con su propio poder y clamó a Dios: "Porque en nosotros no hay fuerza contra tan grande multitud que viene contra nosotros: no sabemos qué hacer, y a ti volvemos nuestros ojos" (2 Crónicas 20:12).

Un importante paso en el hecho de alabar a Dios es apartar nuestros ojos de las circunstancias que nos amenazan y, en su lugar, mirar a Dios. Observemos que Josafat no estaba cerrando sus ojos para no ver lo que amenazaba a su reino, o pretendiendo que los enemigos no estuvieran allí. El hizo un examen cuidadoso de la situación, reconoció su propia impotencia, y se tornó a Dios buscando ayuda.

No tenemos que ser ciegos a las amenazas reales del mal en nuestras vidas. Comprendiendo lo que son, nos proporcionan un mayor motivo de alabanza y gratitud a Dios por ejercer sobre ellas perfecto control y autoridad. Pero no hemos de estar preocupados con la apariencia del mal que se halla a nuestro alrededor. Mirémoslo, reconozcamos nuestra impotencia para luchar con nuestras propias fuerzas en contra de ello, y entonces, volvámonos a Dios.

Dios dijo a Josafat: "No temáis ni os amedrentéis delante de esta multitud tan grande, porque no es vuestra la guerra, sino de Dios" (2 Crónicas 20:15).

Esta es, creo yo, una declaración tremenda. Puesto que no tenemos el poder para luchar contra las circunstancias que nos rodean, es evidente que la batalla no es nuestra, sino de Dios.

"No habrá para qué peleéis vosotros en este caso; paraos, estad quietos, y ved la salvación de Jehová con vosotros" (2 Crónicas 20:17).

¡Qué promesa! ¿Cuál era la posición que esperaba Dios de Josafat mientras tenía que estar quieto y esperar que Dios actuara?

Al día siguiente, Josafat dio órdenes a su ejército. "Puso a algunos que cantasen y alabasen a Jehová, vestidos de ornamentos sagrados, mientras salía la gente armada, y que dijesen: Glorificad a Jehová, porque su misericordia es para siempre" (2 Crónicas 20:21).

La escena tuvo lugar justamente enfrente de

las filas de los ejércitos enemigos dispuestos a matar a los hombres de Judá. ¿Podemos imaginarnos la reacción de sus capitanes cuando vieran al pequeño grupo de cantores acercándose al campo de batalla en contra de ellos?

He sido capellán en el ejército durante muchos años, y he visto a hombres preparados para muchas batallas. Pero jamás he visto un general dando orden a sus tropas de quedarse quietas en frente de las líneas enemigas mientras una banda de cantores marchaban delante cantando alabanzas al Señor.

Parece una idea singular, ¿no es así? Es en esta situación cuando nuestro entendimiento se resiste.

"Está muy bien alabar a Dios cuando estamos en una situación difícil", podríamos decir, "pero no seamos ridículos. Dios ayuda a aquellos que se ayudan a sí mismos. Lo menos que podemos hacer es luchar lo más valientemente que podamos. Recién entonces dejaremos el resto en las manos de Dios."

Pero, ¿qué les ocurrió a Josafat y a sus hombres? "Y cuando comenzaron a entonar cantos de alabanza, Jehová puso contra los hijos de Amón, de Moab y del monte de Seir, las emboscadas de ellos mismos que venían contra Judá, y se mataron los unos a los otros... y... cada cual ayudó a la destrucción de su compañero" (2 Crónicas 20:22, 23).

Yo creo que es admisible pensar que si Josafat hubiera decidido "tomar sus precauciones" y hubiese ordenado a sus hombres que luchasen, el resultado habría sido muy diferente.

Muchos de nosotros estamos constantemente

derrotados por las circunstancias que nos rodean, porque no estamos dispuestos a aceptar que la lucha es de Dios y no nuestra. Aun cuando admitimos nuestra propia impotencia para enfrentarnos con el enemigo, tenemos que dejar y confiar todo al poder de Dios. Es entonces cuando permitimos a nuestro propio entendimiento asumir la posición equivocada en nuestra vida. Decimos: "No comprendo; por lo tanto, no me atrevo a creer."

La Palabra de Dios nos muestra claramente que el único camino para salir de este dilema es andar en fe. El creer que las promesas de Dios son válidas, el aceptarlas y el tener el valor para confiar en ellas, nos conducirá al entendimiento.

El principio de la Biblia es muy claro: la aceptación es antes de la comprensión.

La razón para ello es sencilla. Nuestro entendimiento humano es tan limitado que no podemos captar la magnitud de los propósitos y del plan de Dios para su creación. Si nuestro entendimiento hubiese de ir antes de la aceptación, no podríamos aceptar muchas cosas.

Josafat nunca hubiese tenido el valor de seguir el plan de Dios para la batalla, si hubiese insistido en comprenderlo primero. Los propósitos y las promesas de Dios asombraban, indudablemente, su entendimiento; pero Josafat, leemos en el relato, era un hombre que creía y confiaba en Dios. Con su entendimiento él se fiaba totalmente de Dios.

Josué fue otro líder que recibió de Dios órdenes de lucha, que deben haber asombrado su entendimiento y puesto en reto su voluntad para aceptar lo que debió parecer absurdo a muchos que le observaban.

Todos hemos cantado, en una u otra ocasión: "Josué libró la batalla de Jericó, y los muros se derrumbaron."

La ciudad de Jericó estaba sólidamente edificada, y los israelitas que habían caminado durante cuarenta años por el desierto, no tenían, ciertamente, ni las armas ni el poder para conquistar la ciudad. Pero Josué creyó en Dios cuando él prometió entregar a los enemigos de Israel en sus manos.

Dios dijo a Josué que cercase Jericó durante seis días. Al séptimo tenían que hacer tocar las trompetas. "Y el muro de la ciudad caerá; entonces subirá el pueblo, cada uno derecho hacia adelante" (Josué 6:5).

Josué confió en Dios, pero me pregunto lo que habríamos pensado nosotros, si hubiésemos estado entre sus seguidores. ¿No hubiéramos murmurado y nos habríamos rebelado contra sus temerarias sugerencias? Me pregunto lo que pensarían los habitantes de Jericó cuando estaban sobre los muros fuertemente fortificados y observaban a los israelitas cómo marchaban alrededor de la ciudad, llevando con ellos el arca del pacto.

Antes, pensaba que la historia de Josué y la batalla de Jericó era una mezcla de mito, exageración y una bonita fábula. Pero los arqueólogos que han estudiado las ruinas de la antigua Jericó en años recientes han encontrado una amplia evidencia de que los muros de la ciudad cayeron en el tiempo histórico que corresponde a la narración bíblica. Los muros de Jericó se desplomaron.

El poder de Dios estaba obrando mientras que su pueblo mostraba su confianza al alabarle con trompetas y aclamaciones.

Los ejemplos de Josafat y de Josué demuestran claramente que Dios gana nuestras victorias por medios sencillos y mediante principios que, aparentemente, son contradictorios, para nuestra sabiduría y estrategia humanas.

Se nos pide que confiemos en él, que le alabemos y que dejemos que él actúe. Esto es, esencialmente, la forma en que actuaba Jesucristo durante el tiempo de su ministerio en Israel. Abiertamente, él admitía que de sí mismo nada podía hacer. Se sometía a la voluntad de su Padre en perfecta obediencia, en confianza, y en fe, a fin de que el poder de Dios pudiera alcanzar las necesidades del pueblo.

Veamos algunas oraciones de Jesús relacionadas con problemas difíciles.

Por ejemplo, el caso de los 5.000 que le habían seguido fuera de la ciudad para oírle predicar. Estaban hambrientos. Lo único de que disponía Jesús era la comida de un muchacho: cinco panes y dos pececillos.

¿Cómo oró Jesús? ¿Intercedió él con Dios para que realizase un milagro? "Mirando al cielo, dio gracias y partió los panes, dándolos a sus discípulos para que los repartieran entre la gente. Repartió también los dos pescados entre todos. Todos comieron y quedaron satisfechos; y después llenaron doce canastas con los pedazos que sobraron del pan y de los pescados" (Marcos 6:41-43, V.P.).

Algunos de nosotros podemos pensar: "¡Pero

se trataba de Jesús, y él sabía lo que Dios podía hacer! ¡Esto no tiene validez para nosotros!"

Mas Jesús dijo a los que le seguían: "En verdad les digo, que el que cree en mí, hará también las cosas que yo hago, y cosas todavía más grandes, porque yo me voy a donde está el Padre. Y todo lo que ustedes pidan en mi nombre, yo lo haré, para que el Hijo muestre la gloria del Padre. Yo haré cualquier cosa que ustedes pidan en mi nombre" (Juan 14:12-14, V.P.).

Jesús dijo que podemos hacer mayores cosas. ¿Significa esto que Dios pueda tener un plan con respecto al hambre en el mundo y que predicen los expertos en agricultura y otros técnicos de nuestros días referente a una reducción de la alimentación?

Yo así lo creo. Yo sé de muchos ejemplos cuando el pueblo creyó lo que dijo Dios, le dio gracias y le alabó por una comida escasa, la cual fue aumentada por el Señor para alimentar a muchos más de lo que se había pensado.

Cuando Jesús tuvo que enfrentarse con la muerte de Lázaro, oró una sencilla oración de acción de gracias. Cuando fue quitada la piedra de la tumba donde Lázaro llevaba ya enterrado cuatro días, Jesús levantó los ojos y dijo: "Padre, gracias te doy por haberme oído" (Juan 11:41). Luego ordenó a Lázaro que saliese fuera. Y el hombre que estaba ya cuatro días muerto, salió fuera.

La Biblia dice que Jesús vino al mundo para que pudiésemos alabar a Dios. Isaías el profeta predijo la venida de Jesús diciendo que él vendría para "... predicar buenas nuevas a los abatidos, a vendar a los quebrantados de corazón, a publicar libertad a los cautivos, y a los presos apertura de la cárcel; a proclamar el año de la buena voluntad de Jehová, y el día de venganza del Dios nuestro; a consolar a todos los enlutados; a ordenar que a los afligidos de Sion se les dé gloria en lugar de ceniza, óleo de gozo en lugar de luto, manto de alegría en lugar del espíritu angustiado" (Isaías 61:1-3).

Lector amigo, fácilmente podrá reconocer su propia condición en esa lista. ¿Está quebrantado de corazón? ¿Confinado por limitaciones físicas, enfermedades, limitaciones espirituales? ¿En cautividad física o en prisión por su propia ceguera espiritual? ¿Está de duelo? ¿Incapaz de regocijarse, de estar agradecido a Dios, de alabarle? ¿Está su espíritu pesadamente agobiado, o siente frustración?

Tal vez sea porque no ha aceptado y comprendido plenamente las buenas nuevas que Jesús vino a traer.

La alabanza es una respuesta activa a lo que *sabemos* que Dios ha hecho y está haciendo en nuestras vidas en este mundo por medio de su Hijo Jesucristo y la persona del Espíritu Santo.

Si dudamos en nuestro interior de lo que Dios ha hecho y está haciendo, no podemos alabarle de todo corazón. La incertidumbre acerca de las buenas nuevas será siempre una barrera para alabarle. Si queremos estar dispuestos a alabar a Dios en todas las cosas, necesitamos estar seguros de que nuestro fundamento es sólido y sin grietas producidas por las dudas o la incertidumbre.

Escuchen las buenas nuevas

Si le ofrezco a usted, lector amigo, una moneda
de diez centavos como un don gratuito, probablemente no le llamará mucho la atención. Quizá
se preguntaría por qué lo hago y, acaso, se reiría
de mí. Si le entrego otra moneda y le digo otra
vez que es un donativo, puede que mueva la cabeza, extrañándose aún más, y si continúo en-
tregándole monedas hasta darle veinte, se des-
pertará algo más su interés, aunque, no obstante,
seguirá preguntándose qué es lo que me pro-
pongo.

Y si, en vez de una moneda, le ofrezco un billete de cien dólares, estoy seguro de que estará
más interesado; y si aumento el donativo a veinte
mil, me mirará con asombro pensando lo afortu-
nado que es usted. Es posible que hasta grite de
alegría y quiera referir a otras personas lo que
usted ha recibido. ¡Estas son noticias que usted
debe contar a otros! ¡Durante toda su vida querrá
usted hablar de ello!

¿Le he contado algo del donativo que he recibido de veinte mil dólares, como un don gratuito?

Dios nos ha concedido muchos dones maravillosos. Podemos obtenerlos sólo con pedirlos. Pero es posible que usted los conozca únicamente como el don de los diez centavos. No nos llaman mucho la atención. Su corazón no late más deprisa que al recibir una moneda. No llora lágrimas de gozo y de gratitud cuando piensa en la bondad de Dios. ¿Qué es lo que está mal? ¿Es el don de Dios? ¡No! ¡Es usted, que está viviendo en un mundo de diez centavos!

Muchas personas que van los domingos a la iglesia piensan acerca del don de Dios de la vida eterna como si fuera un don de diez centavos. Creen que tienen que luchar para vivir una vida buena, para mantener su "don gratuito". Haciendo un esfuerzo constante y muy grande por llevar una buena vida, a veces se preguntan si realmente vale la pena ser cristiano.

No es extraño que no sean muy entusiastas para hacer partícipes a otros de las buenas nuevas de la salvación. A ellos les basta con ir a la iglesia los domingos, apartarse de las cosas que pueden ser muy divertidas y dar su ofrenda, reunida con mucho esfuerzo.

Si esto es "su salvación" comprendo por qué emplean todas sus noches libres en ver la televisión, y por qué nunca hablan a su vecino o a un extraño en la calle acerca del amor maravilloso de Dios para con nosotros. Para ellos el don de Dios equivale a una moneda, ¿para qué han de querer recibir algo más? ¡No necesitan donativos de monedas!

Pero si usted, lector, recibiese un donativo de

veinte mil dólares, desearía tener más. Entonces, contaría usted a todos dónde podrían recibirlo ellos también.

Todos nosotros deseamos donativos de veinte mil dólares. Los americanos gastan cada año billones de dólares esperando ganar algo gratuitamente. Tenemos un anhelo constante por adquirir para nosotros algo de un valor real.

Ahora le digo que el don gratuito de Dios que él nos ofrece tiene un valor más grande que el de millones de dólares. El no lo da sólo a aquellos que tienen un mínimo nivel de buena conducta. Cristo ha pagado ya el precio por cada don que Dios quiere concedernos.

Dios dice: "Destruiré la sabiduría de los sabios, y desecharé el entendimiento de los entendidos" (1 Corintios 1:19).

El recibir el perdón de los pecados y la vida eterna como un don gratuito no entra en los moldes normales de vida que conocemos. Estamos acostumbrados a creer que sólo recibimos lo que merecemos o estamos dispuestos a pagar. El plan de Dios al concedernos un don totalmente gratuito nos parece tan imposible que tratamos de añadir algo a su ofrecimiento. "Recibiré un don gratuito si hago esto o lo otro", decimos.

"Cristo Jesús... nos ha sido hecho por Dios sabiduría, justificación, santificación y redención" (1 Corintios 1:30).

Lo principal para que usted pueda tomar su decisión al oír esas nuevas maravillosas, es si Cristo tiene o no la autoridad, el poder, de concederle la vida eterna sin necesitar que usted haga algo para merecerla. Si usted cree que él no tiene el poder ni la autoridad, entonces ha de hacer algo para estar bien con Dios. Deberá luchar toda su vida para estar seguro de que ha conseguido cumplir sus normas. Pero la Palabra de Dios declara que no importa cuán grande sea el esfuerzo, nadie puede ser tan bueno como él demanda. Nuestro mismo esfuerzo para probar la bondad nuestra equivale a decir que Dios es mentiroso.

Por medio de Cristo, toda la bondad de Dios se ha extendido a nosotros, pecadores, que no la merecemos. Y ahora, él envía a su pueblo por todo el mundo para que anuncie a todos en todas partes, las grandes cosas que Dios ha hecho por ellos. (Romanos 1:15.)

San Pablo había recibido algunos "*billetes de veinte mil dólares*" y estaba tan entusiasmado que quería hacerlo saber a todos.

Estas buenas nuevas nos dicen que Dios nos *hace aptos* para el cielo, nos dan el derecho de estar a la diestra de Dios cuando ponemos nuestra fe y nuestra confianza en Cristo para salvación. (Romanos 1:17.)

El apóstol Pablo dice que Dios nos hace aptos. Cuando Dios lo hace, ¿podemos depender de ello siendo hechos justos? ¿Habrá posibilidad de mejorarlo? ¿Estaremos dispuestos a enfrentarnos al fin de esta vida si somos lo que él nos ha hecho? Nunca podremos hacernos suficientemente buenos, no importa todo lo que hagamos.

"Por las obras de la ley ningún ser humano será justificado delante de él (Dios); porque por medio de la ley es el conocimiento del pecado" (Romanos 3:20).

Cuanto más sepamos acerca de lo que es bueno, tanto más nos daremos cuenta de cuán injustos somos. Sólo el orgullo del corazón siente que ha hecho algo como norma de bondad personal. Cristo es el único que no es egoísta, la fuerza sin pecado en el mundo. Unicamente *su presencia en nosotros* nos hace algo mejores que las personas más pecadoras que han existido.

Entonces, ¿de qué podemos enorgullecernos acerca de lo que hagamos para ganar nuestra salvación? ¡Absolutamente de nada! ¿Por qué? Porque nuestra absolución no está basada en lo que nosotros podamos hacer, sino en lo que *Cristo ha hecho y en nuestra fe en él*. Así que somos salvos por la fe en Cristo y no por las buenas cosas que hagamos. (Romanos 3:27, 28.)

San Pablo enfatiza el que esta doctrina de fe no era algo nuevo. Indica que Abraham jamás fue aceptado por Dios a causa de sus buenas obras, sino por su fe.

Abraham no era un hombre bueno, ni siquiera si se le juzga por el tipo moral de su tiempo. Cuando iba a un país extranjero, sabía que en aquel pueblo podrían robarle alguna de sus posesiones, sus ovejas, o hasta su bella esposa. Así, para hacer sus viajes más seguros decidió presentar a su mujer, Sara, como si fuese su hermana. De ese modo, pensaba él, cualquier aspirante masculino peligroso estaría dispuesto a hacerle favores en lugar de intentar matarle. Ocurrió justamente como Abraham había pensado. El mismo rey al ver a Sara la quiso por esposa. Fue llevada a su palacio y Abraham fue obsequiado con hermosos dones.

¿Qué hizo entonces Abraham? ¿Tratar de rescatar a su mujer? ¡De ningún modo! Simplemente se alegró de su buena suerte. Dios mismo tuvo que intervenir y mostrar al rey que Abraham lo había engañado.

¿Aceptaría usted a Abraham como miembro de su iglesia? Considere este asunto cuidadosamente.

Dios aceptó a Abraham no por el nivel de vida moral que llevaba, sino porque Abraham creía en Dios. Aceptó su fe como todas las bondades que necesitaba. Puede ser que alguien no vea bien a Abraham, pero sí fue bien visto a los ojos de Dios, porque él tenía fe.

Puede ser que usted, estimado lector, piense más en sus propias cualidades que en Abraham o en cualquiera otra persona que conozca, pero a los ojos de Dios el pecado del hombre es total y completo. El grado de bondad o de maldad no puede determinar nuestra salvación o nuestra utilidad en el reino de Dios. Abraham no obtuvo el camino hacia el cielo por ser bueno.

San Pablo escribió: "¿Qué dice la Escritura? Creyó Abraham a Dios, y le fue contado por justicia. Pero al que obra, no se le cuenta el salario como gracia, sino como deuda; mas al que no obra, sino cree en aquel que justifica al impío, su fe le es contada por justicia" (Romanos 4:3-5).

¡Somos hechos *buenos a la vista de Dios!*

Si usted cree verdaderamente esto, ¿está entusiasmado por ello? ¿Diría usted a otros cuán sencillo es ser cristiano? Piense en esto: a su alrededor hay millones de personas que actualmente creen que para ser cristianos deben ser suficientemente buenos, aunque saben bien que jamás podrán serlo. ¡Cuán desesperado debe ser su futuro! ¡Cuánto necesitan las buenas nuevas del evangelio!

¡El don de Dios es gratuito! El apóstol Pablo escribió: "Si por la bondad de Dios nosotros somos salvos, entonces ya no es por ser bastante buenos, porque en tal caso el don gratuito ya no sería gratuito. No es gratuito cuando es merecido" (Romanos 11:6).

Las buenas nuevas deberían ser proclamadas en todo lugar, y, sin embargo, la mayor parte de los cristianos están con la lengua tensa cuando hablan de ello.

Lector amigo: ¿Se ha dirigido usted alguna vez a un extraño y le ha preguntado la dirección de una parada de autobús? ¿Estaba usted acoquinado cuando lo hizo? ¿Latía su corazón y su lengua se hallaba seca y tumida? ¡Seguramente que no! Entonces, ¿por qué se siente usted así cuando quiere decir a alguna persona extraña lo que Jesús ha hecho por ella?

Dios desea que comuniquemos las buenas nuevas a todos. Jesús dijo a sus discípulos que fuesen por todas partes y comunicasen a todo el mundo lo que él ha hecho por nosotros. Entonces, ¿quién piensa usted que quiere guardar el secreto?

Existe un enemigo que está merodeando y su artimaña favorita es la de hacernos tímidos para comunicar las maravillosas nuevas del don gratuito de Dios. Pero si estamos absolutamente seguros de lo que Dios ha hecho por nosotros, si hemos aceptado algunos de sus "billetes de veinte mil dólares", entonces podemos hablar abiertamente de estas buenas nuevas.

Algunas personas aún se preocupan en cuanto a lo que Dios demanda de nosotros después de haber sido perdonados nuestros pecados y de haber recibido el don gratuito de la vida eterna. San Pablo escribió así acerca de esto a los Romanos:

"Entonces, ahora es ésta la cuestión: Esta bendición, ¿es sólo para aquellos que tienen fe en Cristo pero guardan también la ley judía, o la bendición es también para aquellos que no guardan las reglas judías, sino sólo creen en Cristo? ¿Qué hay respecto de Abraham? Decimos que recibió estas bendiciones por fe. ¿Era sólo por fe? ¿Por qué observaba la ley judía?" (Romanos 4:9).

Pablo llegó a una conclusión asombrosa: ¡Abraham no guardaba la ley, porque aun no había sido dada la ley!

Entonces, está claro que las promesas de Dios de dar toda la tierra a Abraham y a sus descendientes no eran porque Abraham obedeciese la ley de Dios, sino porque él confió en que Dios cumpliría sus promesas. (Romanos 4:13.)

Dios también nos ha prometido una herencia, y no a condición de que seamos buenos, sino de que creamos en él. Puede usted pensar que el plan de Dios no es una buena solución, pero es la solución de Dios a nuestro problema.

Los judíos se excusaban a sí mismos y mantenían que no eran pecadores. Muchos cristianos no comprenden la contestación de Jesús a los judíos. El insistía en que la ley de Dios era mucho más pura de lo que ellos concebían que era. Los judíos pensaban que eran inocentes, por ejemplo, cometiendo adulterio. Pero Jesús les explicaba que sólo con mirar a una mujer deseándola ya cometían adulterio con ella. Jesús les decía que podían derramar lágrimas para guardar su mente pura. Pero él conocía la mente del hombre. Aun si un hombre no quiere pecar, hay otra parte de él que lo desea, y así, nos enfrentamos con una lucha interior.

Entonces, ¿qué trataba de decirnos Jesús? ¿Que debemos procurar aún más seriamente la observancia de la ley? ¡No! Sólo deseaba mostrarnos cuánto le necesitamos. Casi todas las parábolas y enseñanzas de Jesús están ideadas para convencernos de la necesidad que tenemos de un Salvador. San Pablo declaró que la fe en Cristo era el único medio de guardar toda la ley.

Si trata usted de dominar el ser físico y de llegar a poder cumplir algunas de las leyes de Dios, ¿qué ha conseguido? ¡Nada! Jesús dice muy claramente que mientras usted no cumpla toda la ley de forma perfecta, usted es culpable de quebrantarla toda.

Cristo no trata de desanimarle. ¡Al contrario! El dice que hará algo para librarle de ese problema.

Cristo da a quien confía en él todo lo que trata de obtenerse guardando su ley. (Romanos 10:4.)

Cuando Cristo entra en su vida, usted aún conserva su cuerpo físico y, con él algunos de sus apetitos impíos. Pero hay una gran diferencia: Si alguno se entrega a Cristo, su interior se renueva y llega a ser una nueva persona. Ya no es la misma. (2 Corintios 5:17.)

Usted, lector amigo, parecerá ser la misma persona, pero ya *no lo es*.

Su cuerpo morirá a causa del pecado, pero su espíritu vivirá, porque Cristo le ha perdonado. (Romanos 8:10.)

Usted ha recibido un nuevo ser interiormente, porque Cristo mora allí por medio del Espíritu Santo. Su cuerpo físico morirá un día, pero usted, no. Vivirá para siempre con Cristo.

He hablado con miles de personas que van a la iglesia y les he preguntado qué es lo que tiene que hacer un hombre o una mujer, para alcanzar el cielo. He hecho la pregunta en algunas de las iglesias de creencias más fundamentales de nuestro país, que creen en la Biblia, y siempre he escuchado la misma respuesta.

Noventa y nueve de cada cien personas me han hablado de las cosas que debemos hacer. Guardar los mandamientos, ir a la iglesia, dar dinero, no maltratar a otros, etc. Una lista interminable de lo que esas personas están tratando de hacer.

Los "fieles" que acostumbran a ir a la iglesia, han oído, y creen, la mentira de que la salvación depende de lo que *hacemos*. No es extraño que la extensión de las buenas nuevas vaya despacio. ¿Quién desea ir a la iglesia, recibir diez centavos y, luego salir fuera, al mundo, y hablar de esas buenas nuevas?

¿Aún está usted convencido de que Dios le ha ofrecido sólo un don de diez centavos? ¿Ha pensado que para recibir las bendiciones de Dios, ha de tener fe, y algo más?

De modo que si usted piensa las bendiciones de Dios son para quienes son suficientemente buenos, entonces está diciendo que las promesas de Dios son insignificantes, y que la fe es una locura. (Romanos 4:14.)

San Pablo escribió sobre ello, pero el corazón del asunto es éste: cuando tratamos de ganar las bendiciones de Dios y la salvación por la observancia de su ley, *siempre* terminamos causando su enojo, porque *siempre* fallamos al guardar su ley. (Romanos 4:15.)

¿Significa esto que Dios se enoja con nosotros por tratar de ser buenos y de guardar su ley? Por supuesto que no. El se enoja al saber *por qué* intentamos observar su ley. Si tratamos de guardar su ley por miedo a que nos castigue si no lo hacemos, nuestro esfuerzo es vano. Si tratamos de guardarla para merecer alguno de sus beneficios, estamos esforzándonos en vano. Entonces, ¿por qué tratamos de hacer algo bueno? ¿No deberíamos ser todo lo malos que quisiéramos, ya que la salvación es gratuita?

Esto es, por supuesto, completamente ridículo. Debemos hacer lo bueno, pero únicamente por amar a Dios y *desear* agradarle. Si comprendemos todo lo que su don maravilloso supone para nosotros responderemos a su amor, amándole. Si usted se aferra a la idea de hacer lo bueno para merecer el favor de Dios, *nunca* aprenderá a amarle. Seguramente que jamás se entusiasmará por recibir el billete de "veinte mil dólares".

Ahora bien, Dios nos ha mostrado un nuevo camino para ir al cielo, no por ser "suficientemente buenos" tratando de observar sus mandamientos, sino por un camino nuevo para nosotros, aunque no nuevo realmente, porque las Escrituras hablaron de él hace mucho tiempo. Entonces, Dios dice que nos acepta y nos exime no declarándonos culpables, si confiamos que Jesucristo nos quita nuestros pecados. Y todos podemos ser salvos de este mismo modo, por allegarnos a Cristo, no importa quiénes seamos, o lo que hayamos sido. (Romanos 3:21, 22.)

La condición es *"si confiamos en Cristo"*. Confiar en nosotros mismos y "ser suficientemente buenos" o no "demasiado malos" es, exactamente, lo contrario.

¿Qué hizo Jesucristo por nosotros?

Dios envió a Cristo Jesús para quitar el castigo de nuestros pecados y poner fin a la ira de Dios contra nosotros. El empleó *la sangre de Cristo, y nuestra fe*, como medios para librarnos de su ira. (Romanos 3:25.)

Estos dos elementos son esenciales. El uno sin el otro no sería suficiente. Cristo ofreció su don, pero no nos ayudaría si nosotros no respondiésemos con nuestra confianza. Si nos enredamos con el "hacer" nunca seremos libres para poder creer.

El murió por nosotros y resucitó, a fin de hacernos justos para con Dios, llenándonos de la bondad de Dios. (Romanos 4:25.) El pecado estaba en todos los hombres y les llevó a la muerte, pero ahora, la bondad de Dios está en su lugar dándonos el derecho de estar con Dios como resultado en la vida eterna por medio de Jesucristo nuestro Señor. (Romanos 5:21.)

Nuestra elección es clara entre la bondad de Dios o su justo juicio. Nos es ofrecido el don gratuito de la vida eterna, y la alternativa es aceptarla, o la muerte.

Recuerdo una joven atractiva, enfermera en un hospital en Vietnam en el que yo era capellán. La enfermera llegó llena de alegría y de vitalidad, pero pronto desapareció su alegre sonrisa. No podía soportar ver a los soldados jóvenes cuando volvían del frente heridos y sufriendo. Muchas veces venía a mi despacho para hablarme de sus sentimientos.

—¿Cómo puede decir usted que Dios ama a estos hombres? —me preguntó un día—, si les deja que sufran tanto?

—La respuesta le sería fácil —sugerí—, si usted expusiera a Dios las ansiedades y las inquietudes de sus pacientes, y tuviese confianza en que habría de ayudarles. Dios ama a estos soldados heridos —continué diciéndole— mucho más que usted y que yo.

La enfermera movió la cabeza.

—No puedo aceptar esto, capellán —me dijo—. Puede ser que lo acepte algún día, pero ahora, no. Me duele demasiado ver estos sufrimientos. No puedo dar gracias a Dios por ello ahora.

Su visita al despacho del capellán se hizo cada vez menos frecuente. Por la expresión apagada de sus ojos, antes tan vivos, empecé a sospechar que tomaba píldoras para combatir su depresión. No parecía responder a lo que sucedía a su alrededor. Fue trasladada y perdí su pista.

Recientemente, recibí una carta de un reformatorio para mujeres en un estado del oeste de los Estados Unidos.

La carta decía así: "Querido capellán: He viajado muchos kilómetros en la dirección contraria desde la última vez que le vi en el hospital en Vietnam. Parece que he perdido la parte decente de mí misma en tan largo camino. Después de Vietnam, no podía encontrar la paz interior y comencé a dejarme llevar por la corriente.

"Todo empezó cuando yo observaba las muertes inútiles y la mutilación de cuerpos jóvenes en el hospital. Acusé a Dios por todo ello, y ahora me doy cuenta de que, por acusar a Dios, me he apartado de él y me he destrozado a mí misma. Ahora me es imposible responder a nadie ni a nada. Sólo existo, en medio de un vacío gris y sin sentido.

"Yo sé que Dios es la respuesta. Lo he combatido durante muchos años, pero ahora lo sé. Quería haberle escrito hace algún tiempo, pero estaba avergonzada. Recuerdo cuánto bien me hacían las charlas en su despacho. Entonces, no quise aceptar la respuesta. Espero que ahora no sea demasiado tarde. Por favor, ore por mí."

La joven enfermera se había apartado del don que Dios le ofrecía. Ahora, reconocía las consecuencias. Pero, ¡cuántos fueron los sufrimientos que tuvo que padecer!

Recibir el don de Cristo de la vida eterna es una de las cosas más fáciles que usted puede hacer. No hay ninguna dificultad en ello. No se necesita ser inteligente o bueno. ¡Hasta un niño puede hacerlo!

San Pablo escribió: "La salvación que viene por confiar en Cristo... está al alcance de cada uno de nosotros; en efecto, está tan cerca como nuestros propios corazones y nuestras bocas. Porque si usted comunica a otros con su propia boca que Jesucristo es su Señor y cree en su propio corazón que Dios le ha resucitado de la muerte, será salvo." (Romanos 10:8, 9.)

Así, pues, ¿por qué vacilan algunas personas? ¿De qué se asustan?

La joven enfermera en el Vietnam tenía miedo de confiarse a un Dios que dejaba que los soldados se matasen y se hiriesen en el campo de batalla. No confiaba en el amor de Dios.

No tenemos que tener temor de alguien que nos ama perfectamente, escribió San Juan. Su perfecto amor echa fuera el temor de lo que pueda hacernos. Si tenemos miedo de lo que pueda hacernos, es demostración de que no estamos completamente convencidos de que él nos ama realmente. (1 Juan 4:18.)

Dios es amor. Todo lo que él hace es amor en acción. Nuestro problema es que en general tenemos una imagen muy limitada de lo que es el amor. Todos hemos sido heridos y desilusionados por el amor humano, el cual nos recompensa y nos acepta cuando somos buenos, y nos castiga y rechaza cuando somos malos. Pero esto no puede compararse con el amor de Dios.

La versión griega del Nuevo Testamento emplea dos palabras que traducimos simplemente por "amor". Una de ellas es *philia*, amor fraternal. Significa un afecto personal, hondo, instructivo. La otra es *ágape*, amor divino. Es la clase de amor que Pablo señala que los maridos y las mujeres debieran tener entre sí. *Agape* se emplea para describir el amor de Dios para nosotros. Significa una devoción espiritual deliberada, razonada e intencional. No es originada por emociones o sentimientos; es un acto deliberado de amor, que surge de la voluntad. No cambia nunca y siempre se confía, porque no depende de lo amable o merecedora que sea la persona amada.

Es así como Dios nos ama. El nos ama cuando le rechazamos, cuando le desobedecemos, cuando somos indignos. El nos ama cuando hemos hecho de nuestras vidas una confusión, y está siempre dispuesto a aceptarnos, a perdonarnos, a llenarnos de su gozo y de su paz.

El don gratuito del amor de Dios es la vida eterna en Cristo Jesús y está tan cerca de nosotros como la boca y el corazón. Simplemente hemos de aceptar lo que Jesús ha hecho por nosotros, creer en nuestro corazón que él vive y hablar a otros acerca de ello. Es así de sencillo y, sin embargo, algunos se detienen cuando *saben* lo que es el don en sí.

Nicodemo, un judío religioso y devoto, fue a Jesús de noche y le preguntó cómo podría entrar en el reino de Dios. Nicodemo sabía que Jesús había sido enviado por Dios, y obtuvo la respuesta.

Jesús le dijo: —Con toda sinceridad le digo esto: Hasta que no nazca de nuevo, no podrá entrar en el reino de Dios.

—¡Nacer de nuevo! —exclamó Nicodemo—. ¿Qué es lo que piensa? ¿Cómo puede un hombre viejo volver al seno de su madre y nacer otra vez?

Jesús le contestó: —Lo que le digo tan sinceramente es esto: Hasta que uno no nace de agua y del Espíritu, no puede entrar en el reino de Dios. Los hombres pueden producir únicamente la vida humana, pero el Santo Espíritu nos da vida nueva del cielo.

Nicodemo *sabía* quién era Jesús, pero esto no era suficiente. Es necesario también actuar según lo que sabemos y aceptar a Jesucristo como nuestro Salvador personal, invitándole a que entre en nuestra vida. Cuando entra en nosotros, por el Espíritu Santo, nacemos espiritualmente. Sólo podemos comunicarnos con Dios en nuestro espíritu, y, así, necesitamos nacer otra vez a fin de estar preparados para conocer a Dios. Si no somos nacidos de nuevo, estamos aún muertos espiritualmente.

San Pablo escribió: "He sido crucificado con Cristo; y ahora, vivo no ya yo, mas Cristo vive en mí. Y la vida real que ahora tengo dentro de este cuerpo, es el resultado de mi confianza en el Hijo de Dios, el cual me amó y se entregó por mí" (Gálatas 2:20).

El mismo apóstol dijo a los Corintios: "Juzgaos a vosotros mismos. ¿Sois realmente cristianos? ¿Habéis pasado la prueba? ¿Sentís la presencia y el poder de Cristo más y más en vosotros? ¿O pretendéis ser cristianos si actualmente no lo sois?" (2 Corintios 13:5).

Lector amigo: ¿Es usted realmente cristiano? ¿Ha nacido de nuevo?

En nuestras iglesias hay hoy día hombres como Nicodemo. Pasan el tiempo estudiando las Escrituras y orando diariamente; van a los estudios bíblicos y a las reuniones de oración, y los domingos enseñan en la escuela dominical. Algunos, hasta son predicadores. Pueden haber crecido en la iglesia, y se llaman "nacidos" metodistas, presbiterianos, luteranos, católico-romanos, pentecostales, bautistas, o de cualquiera otra denominación.

Saben todo *lo referente* al cristianismo. Saben que Jesús es el Hijo de Dios quien murió por sus pecados; saben que él vive otra vez; pero nunca le han entregado su vida, ni le han invitado a entrar a su corazón para ser su Señor y Salvador. Miles de personas asisten regularmente a los cultos y presentan todas las formas exteriores del cristianismo sin haber experimentado a Cristo *en* su vida.

El don de la salvación y de la vida eterna es absolutamente libre; nada puede hacerse para ganarlo o merecerlo, únicamente ha de recibirlo para que sea suyo. En su amor, Dios se extiende amoroso, y arregla circunstancias para demostrarnos cuánto le necesitamos, y nos lleva hacia él mismo.

Una vez, un sargento llevó a un soldado desde su pelotón hasta mi despacho. El soldado se enfrentaba con una acusación de deshonesto y con una temporada en prisión por usar y tratar con drogas. Había sido adicto a las drogas desde muy jovencito, y el tiempo que llevaba en el ejército las cosas habían ido empeorando. Había servido en el Vietnam donde conseguir la droga era tan fácil como comprar "chicle".

—He hecho una confusión de mi vida y ya es demasiado tarde para cambiar —me dijo.

La mirada de sus ojos era oscura y desesperada.

—¿Qué piensa usted acerca de Dios? —le pregunté—. El tiene el poder de cambiarle.

El soldado, al oír esto, se encogió de hombros.

—¿Por qué ha de hacerlo? —respondió—, si yo jamás he hecho nada por Dios.

—Porque Dios le ama —le dije—, y ha enviado a Jesús para quitar el castigo por cada cosa que usted haya podido hacer. El también puede sanarle.

El soldado me miró displicentemente.

—He oído hablar de Jesús —dijo—. Me hubiera gustado pedirle que fuera mi Salvador, pero no creo que ahora pueda hacer algo bueno. No puedo dejar de tomar drogas aun cuando me esfuerce mucho. He sido malvado durante demasiado tiempo.

—Dios puede sanarle —le dije confiadamente—. ¿No cree usted que es más poderoso que las drogas?

El soldado me miró, en actitud de duda.

—¿Quiere probar? —le pregunté.

El soldado movió la cabeza afirmativamente.

—Quiero probar cualquier cosa —contestó— para salir del infierno en que ahora estoy metido.

—Entonces dé ahora mismo gracias a Dios por lo que él hará en estos próximos minutos, y dele las gracias por todo lo que le ha sucedido en su vida, y que le ha conducido hasta este lugar.

—Bien, espero un minuto —añadí.

Y al decir esto, el soldado me miró turbado, y dijo: —¿Usted cree que voy a dar gracias a Dios por todas las cosas que me han sucedido en mi vida hasta ahora que soy un drogadicto?

—¿No es su estado de drogadicto —contesté— lo que le lleva a usted hacia él? Si Dios le sana, le perdona, y le da nuevos impulsos, vida nueva con Jesús, ¿no piensa que puede darle las gracias por todo lo que le ha hecho ver que usted le necesita?

La mirada oscura de duda aún seguía en los ojos del soldado.

—¿Quiere dejarme que ore por usted? —le pregunté. Y él movió la cabeza afirmativamente.

Le puse las manos sobre la cabeza, y oré así: "Amado Padre celestial, gracias porque tú amas a este joven y por guiarle hacia ti. Envíale ahora tu Santo Espíritu para ayudarle a creer que tú has estado obrando en cada momento oscuro y solitario de su vida para llevarle a Cristo."

Cuando terminé de orar había una nueva luz en los ojos del soldado.

—Es muy extraño —dijo— pero por alguna razón creo que Dios ha tomado todo lo malo que me ha sucedido y está cambiándolo para bien.

Sus ojos estaban humedecidos, e inclinó su cabeza otra vez, pero ahora para orar por sí mismo pidiendo a Dios que le perdonara por su rebelión y rogando a Jesús que se llegase a él y llevara su vida.

¿Qué ocurrió luego? Desafío a mi habilidad para explicarlo. De nuevo puse mis manos sobre su cabeza rogando a Dios que le sanara, que limpiara su mente de todo deseo de la droga y que le llenase de su amor. Sentí una fuerza que fluía a través del joven soldado. Su faz se iluminó como la de un niño y las lágrimas corrían por sus mejillas.

—¡Ha ocurrido! —exclamó—. Ya no necesito más drogas. Jesús vive en mí.

Para el joven soldado era el momento del nuevo nacimiento. Ya no sería más el que fue. Había nacido otra vez, no porque *sentía* la presencia de Jesús, sino porque había tomado la decisión de confiar en Dios.

Si nuestra relación con Dios dependiera de nuestros sentimientos, la elección no sería realmente nuestra, ¿no es así? No podemos elegir cómo sentimos. Pero podemos elegir el confiar, el creer, el tener fe. Somos salvos por *la fe*, dice la Biblia. Pero muchos de nosotros tenemos una imagen muy tergiversada de la fe.

"No tengo fe para creer", decimos, y lo que

realmente pensamos es: "No me siento seguro."

Fe y sentimientos no es lo mismo.

"Tener fe, pues, es tener la completa seguridad de recibir lo que esperamos, y estar perfectamente convencidos de que algo que no vemos es la realidad" (Hebreos 11:1).

La fe no debe ser originada por nuestras emociones, nuestros sentimientos o nuestros sentidos.

La fe es un objeto de la *voluntad*. Decidimos percibir como un hecho real lo que *no* es revelado a nuestros sentidos.

Ser salvos por la *fe*, significa que aceptamos a Jesucristo como nuestro Salvador por una acción de nuestra voluntad, no por nuestras emociones o nuestros sentimientos. Somos nacidos otra vez por fe, y esto significa que tomamos la promesa de Dios que ha ocurrido cuando aceptamos a Cristo en nuestros corazones. No nos *sentiremos* salvados ni nacidos de nuevo, pero eso no cambia el hecho de que lo *somos*.

Hemos hablado de lo fácil que es hacer de nuestro entendimiento un tropezadero. Es peligroso tratar de medir nuestra fe por los sentimientos. Tenemos sentimientos confusos por el hecho de que pensamos que *somos* lo que *sentimos*. Me siento enfermo, por lo tanto debo estar enfermo. Pero nuestros sentimientos son variables y pueden ser afectados por el tiempo, por nuestra dieta, por nuestro sueño, o por el humor o el capricho de nuestro dominio. Nuestros sentimientos son una pobre prueba de la realidad. Cuando los aplicamos como una prueba de nuestra relación con Dios, entonces incurrimos en confusión.

Jesús dijo: Ore con fe *creyendo* que lo que pide ya lo ha recibido. Pero no podemos orar la oración de fe si insistimos en medir los resultados de nuestros sentimientos. Podremos descubrir que la verdad de Dios en la Biblia dice a menudo que deberíamos hacer exactamente lo contrario de lo que sentimos.

"Amad a vuestros enemigos", dice Jesús.

Pero, ¿no sabía él lo que sentimos acerca de nuestros enemigos? Seguramente que lo sabía. Mas Jesús nos dice que no debemos dejar que nuestros sentimientos nos dominen por más tiempo. ¡Somos libres aún de elegir el amar a nuestros enemigos!

Igualmente, somos libres de aceptar la Palabra de Dios como un hecho para nosotros, prescindiendo de lo que nuestras emociones, nuestros sentimientos, o nuestra inteligencia traten de decirnos.

Nuestra nueva vida en Jesucristo es una vida de fe. Esto significa una vida libre de la tiranía de nuestras emociones, nuestra inteligencia y nuestros sentidos. No tenemos que hacerles caso por más tiempo.

La Biblia nos dice que somos salvos por fe, sanados por fe, justificados por fe, protegidos por fe, que podemos caminar en fe, vivir en fe, heredar las promesas de Dios por fe, ser ricos en fe, orar en fe, vencer al mundo por fe, alabar a Dios por fe.

La experiencia de nuestra salvación se convierte en hecho consumado cuando la aceptamos por fe. Dios no mira nuestros sentimientos sino la decisión que tomamos. Podemos estar deshechos por la duda y por terribles sentimientos, pero cuando aceptamos a Cristo por fe, Dios considera hecha la operación. Y lo que podamos o no sentir inmediatamente después de nuestro compromiso no la cambia. Dios acepta la entrega de su voluntad, y usted es nacido de nuevo por el Espíritu Santo.

Estoy preocupado cuando algunos se llegan a mí, y me dicen "¡Oh!, ahora *sé* que Jesús me llamó hoy, porque le sentí." Pero la misma persona volverá más tarde, y dirá: "No estoy seguro de ser salvo; no siento la presencia de Dios."

Alabe usted a Dios cuando tenga una experiencia maravillosa de su presencia, pero no haga depender su fe en cómo se siente. Un cristiano que hace de las experiencias emocionales la prueba de su salvación, siempre habrá de estar atormentado por la duda.

Una mujer me escribió así: "Entregué mi vida a Jesucristo hace algunos años, pero no sucedió nada. No sentí nada y como pasó el tiempo perdí mi esperanza y traté de cumplir mi promesa a Jesús, de vivir para él. Desde entonces, mi vida se ha hecho insoportable. Estoy tan desanimada que temo destruir mi matrimonio... He leído "El secreto del poder espiritual", y sé que lo que siento es una profunda hambre de Cristo. He pedido perdón y deseo entregarme a él otra vez. Acepto a Jesucristo como mi Salvador personal y deseo de todo corazón formar parte de su reino. Sin embargo, no me siento diferente... Por favor, ore por mí, porque no puedo seguir así mucho tiempo más."

Recibí otra carta, ésta de un joven que se hallaba entonces en una prisión federal. Me decía así: "Creo en Jesucristo con la esperanza de todo mi corazón. Le recibí como mi Salvador hace dos años. Verdaderamente lo pensaba así muy en serio y durante dos días me sentí muy feliz. Después, volví atrás, a mi antigua manera de vivir. Desde entonces, he tenido momentos cuando sentía el mismo gozo, pero no puedo lograr que dure. Deseo servir a Dios, pero no puedo encontrarle. He leído "El secreto del poder espiritual", y sé que necesito lo que usted escribe en relación a esto. ¿Cómo puedo hallarlo? ¿Piensa usted que es que no lo deseo suficientemente? ¿Cómo puedo hacer para desearle más? Tengo tal confusión en mi vida, que no tiene significado la forma de vida que llevo. He seguido muchos estudios bíblicos y no parece que obtenga el poder espiritual por ningún lado. Deseo ansiosamente hallar a Cristo. Pronto dejaré la prisión y quisiera salir fuera, al mundo, con su amor. Por favor, ore usted para que le encuentre y para que experimente el gozo que él promete en la Biblia."

He recibido centenares de cartas semejantes a ésta, y a donde quiera que vaya me encuentro con personas que me dicen que no están seguras de haber encontrado realmente a Cristo.

La razón de sus dudas siempre es la misma: "No *siento* nada". Son prisioneros de sus sentimientos y tienen más fe en ellos mismos que en la Palabra de Dios. Una vez que nos entregamos a Jesús, él dice en cuanto a nosotros: "Yo les doy vida eterna, y jamás perecerán, ni nadie me las quitará (sus ovejas) de la mano" (Juan 10:28, Versión Popular).

¿Cómo combatimos nuestros sentimientos y nuestras dudas?

San Pablo escribió: "La única condición (para la salvación) es que crea usted plenamente en la verdad, permaneciendo en ella firmemente, y fundado en el Señor, convencido de las buenas nuevas de que Jesús murió por usted y sin moverse de la esperanza de que él le salvó. Estas son las nuevas maravillosas que usted ha oído y que son predicadas por todo el mundo. (Colosenses 1:23.)

Cuando las dudas y los sentimientos vienen a atacar nuestra fe, Dios dice que debemos estar firmes en su Palabra.

Una señora que conozco tiene un modo muy práctico de hacerlo. Cuando tiene dudas, busca un versículo de la Biblia que hable de la verdad sobre este asunto. Copia el versículo en un papel, y al venirle la duda, repite el texto para sí misma.

Ciertos pensamientos le vienen cuando está desanimada. ¿Está usted seguro de que Dios oyó sus oraciones cuando aceptó a Cristo como su Salvador?

En la Biblia de esta señora encontré señalados los versículos de 1 Juan 5:14, 15: "Esta es la confianza que tenemos en él, que si pedimos alguna cosa conforme a su voluntad, él nos oye. Y si sabemos que él nos oye en cualquiera cosa que pidamos, sabemos que tenemos las peticiones que le hayamos hecho."

Ella copió estos versículos y escribió debajo: "14 de enero de 1969. Confesé mis pecados y pedí a Jesucristo que entrara en mi vida como Salvador y Señor. Yo sé que así ocurrió porque mi petición estaba de acuerdo con el plan y la voluntad de Dios para mi vida."

Puso el papel en el espejo de su dormitorio, y cuando sentía la duda, miraba hacia el papel, y decía en voz alta: "¡Ahí está! Yo *sé* que he nacido de nuevo. Yo *sé* que Dios me ha aceptado, porque he aceptado a su Hijo como mi Salvador en ese día. Jamás tengo que dudar de ello."

Cuando se sintió culpable de un pecado determinado lo confesó también a Dios, pero la tentación le hacía dudar de que había sido ya perdonada. Pero lo confirmó en su Biblia, y escribió el texto de 1 Juan 1:9: "Si confesamos nuestros pecados, él es fiel y justo para perdonar nuestros pecados, y limpiarnos de toda maldad." Debajo de este versículo escribió el pecado que había confesado, con la fecha, y estas palabras: "¡Aleluya! ¡Estoy perdonada!"

Gradualmente, fueron cesando sus dudas.

Usted puede combatir sus dudas y sentimientos guardando una nota escrita con la fecha para recordarlo, y con un versículo bíblico de alguna promesa de Dios que se refiera a ello.

Si usted ha sido creyente durante varios años, pero aún tiene alguna duda referente a su salvación, no deje que sus dudas ni sus sentimientos le engañen. Haga ahora mismo un reconocimiento y escríbalo con la fecha. Algunas personas tienen en sus Biblias anotaciones de versículos relacionados con cosas importantes que les han ocurrido en sus vidas.

La vida del cristiano es un continuo viaje de fe. Es una buena idea la de guardar señales del camino que hemos recorrido. Sirve como recuerdo útil en días oscuros cuando nos parece que no nos hemos movido. Mirando hacia atrás podemos alabar a Dios y darle gracias por el camino por el cual él nos ha llevado.

Nuestra fe está edificada en la inmutabilidad de Dios, no en los sentimientos. Pero las promesas de Dios son también para que experimentemos más y más su gozo y su paz en nuestra vida según vayamos caminando. Regocijémonos cuando esto ocurra, pero regocijémonos también cuando nos sintamos secos y vacíos.

Su salvación es un hecho maravilloso. Apresure su poderosa voluntad en la dirección de Dios, y diga: "¡Oh, Dios!, quiero creer; deseo permanecer firme en tu Palabra."

Haga esto, y descubrirá que su antigua dependencia de sus sentimientos pronto se marchitará, ¡y será libre para creer!

Dice Jesús: "Conoceréis la verdad, y la verdad os hará libres" (Juan 8:32).

¡Acepte usted la Palabra de Dios como la verdad, y será libre!

3

Poder ilimitado

¿Qué ocurre cuando depositamos nuestra confianza en Cristo?

"Dios . . . nos bendijo" (Efesios 1:3).

Por pertenecer a Cristo, somos hijos de Dios. Hemos entrado en su reino, y todo poder, todos los privilegios, y todos los derechos de los hijos de Dios son nuestros.

Pensemos en toda la previsión que nuestro Padre celestial ha hecho para nosotros: "Toda bendición espiritual en los lugares celestiales." ¡No porque lo merezcamos por nuestros esfuerzos, *sino porque pertenecemos a Cristo!*

Un niño pequeño no crece por estirarse. No ha de ser bueno para merecer sus cuidados diarios. Es alimentado, vestido, amado y atendido por su padre y por su madre, simplemente porque es su hijo. Ellos conocen cada una de sus necesidades y proveen para que su crecimiento se realice de modo natural, sin esfuerzo, en tanto que el niño acepte su alimento y haga el descanso y ejercicio necesarios.

¿Podemos imaginarnos a un niño rehusando comer, dormir, y diciendo a su madre: "No lo quiero hacer ahora, mamá; estoy aquí estirándome; cuando haya crecido unos centímetros más, entonces estaré dispuesto a comer"?

Pero es exactamente así como se comportan algunos cristianos. Dios ha hecho todas las provisiones; nos ha preparado todo lo que necesitamos para crecer: alimento, descanso, amor, cuidados. Sin embargo, nos ponemos en un rincón, forcejeando, estirándonos, intentando crecer, para ser merecedores de lo que recibimos.

¡Dios ya decidió hacer esto para nosotros antes de que naciéramos!

Dios "nos escogió en él (Cristo) antes de la fundación del mundo, para que fuésemos santos y sin mancha delante de él" (Efesios 1:4).

Espere un momento, lector amigo. ¿A quién hace Dios *santo?* ¿Conoce usted a alguien a quien él haya hecho santo? Si no es así, ¿piensa usted estar aún al final en su lista? ¿Ha empezado él a hacerle santo?

Leamos además: "...sin mancha", o sea sin falta.

¿Cree usted que Dios puede hacer que los cristianos no tengan ninguna falta y que toda la gente que usted conoce fracase tanto?

Pero leamos bien: "Delante de él." Dios nos ha hecho santos y sin una sola falta... "¡delante de él!" Ha hecho algo grande en nuestro favor. Nos ha cambiado "ante sus ojos". Nos ve de manera diferente. El sólo tiene el poder de ver al hombre nuevo. ¿Quién puede ver a través de los ojos de Dios? Nadie, sino Dios mismo. El ha hecho una nueva criatura para su propia gloria y alabanza.

Si otras personas le miran a usted, verán en usted la misma persona de antes. Pero ellos no son Dios. Usted puede mirarse en el espejo y convencerse de que no es santo o sin una sola falta, pero recuerde que *usted* no es Dios.

¿Se atreve usted a decir que Dios no puede ver lo que él desea ver? ¿Se preocupa usted más de verse santo, o de que Dios le mire como santo? Miles, quizá millones de cristianos tratan de esforzarse por ponerse en un molde santo para ser vistos de otros o, tal vez, de ellos mismos. Cuando fallan, como es inevitable que suceda, son vencidos por la angustia del desaliento. Por todas partes he visto sus rostros desdichados y he oído su confesión de culpabilidad tan a menudo que sé lo que ocurrirá antes de que vuelvan a empezar.

¿Cómo hizo Dios una cosa tan fantástica como la de hacernos santos ante sus ojos? San Pablo dice en Efesios 1:4, "para que fuésemos santos y sin mancha delante de él, en amor". ¡Un manto de amor! Y luego nos envuelve en él y nos mira. ¿Y qué es lo que ve? ¡Su propio amor!

Otros pueden mirarnos. Podemos mirarnos a nosotros mismos. ¡Dios nos ve en su amor! ¿No es esto suficiente para hacer sonar las campanas en nuestro corazón, tornando nuestra vida en alabanzas y acciones de gracias?

¿Por qué hizo Dios una cosa tan maravillosa por nosotros? Sí, ciertamente, ¿por qué? Lo hizo porque así lo deseaba. "Según el puro afecto de su voluntad" (Efesios 1:5). San Pablo expone el hecho. Dios *quería* envolvernos en un manto de su amor. ¿Cree usted que tiene el derecho y la autoridad de darnos algo que él desea? ¿Todas las bendiciones de Dios en los cielos? ¿Donativos de mil dólares?

¿Por qué eligió hacerlo él mismo? Estoy convencido de que éste era el único modo de poder tener la seguridad de que su obra fuese perfecta. Si hubiera tenido que depender de usted y de mí para que fuera perfecta, nunca hubiese tenido nada digno para presentar a su Hijo. El resultado había de ser para la gloria de Dios y no para la gloria de los hombres.

San Pablo escribió: "A fin de que seamos para alabanza de su gloria, nosotros los que primeramente esperábamos en Cristo" (Efesios 1:12).

El resultado de poner toda nuestra fe en lo que Cristo hizo por nosotros es glorioso.

En Cristo... "tenemos seguridad y acceso con confianza por medio de la fe en él" (Efesios 3:12).

Demasiadas oraciones están hechas con una falsa y quejumbrosa humildad. No necesitamos justificarnos ante Dios por ser humanos. El sabe todo lo que somos. Ha observado a millones de seres humanos y conoce todas sus debilidades. Pero quiere que creamos que por medio de Cristo tenemos el derecho de *acercarnos* a él y pedirle todo lo que necesitamos.

Dios desea bendecirnos con cosas buenas. Quiere que seamos felices y esto, para algunos, es difícil de comprender. Yo crecí en la pobreza, y nuestra familia recibía a menudo donativos de caridad. Cuando yo era joven me ofendía siempre que alguien quería darme algo, o hacer algo por mí, de no ser que estuviera completamente seguro de que *deseaba* hacerlo así. Yo quería ganar o merecer cada cosa que tenía. Esto persistió hasta mi relación más intensa con Dios. En cierto modo no podía creer que Dios quisiera darme algo más que mis necesidades inmediatas. "Después de todo" reflexionaba, "*¿por qué lo había de hacer?*" Mi visión del amor infinito de Dios y de su preocupación por mi bienestar era muy limitada.

Entonces, un día cuando fui destinado a Fort Benning como capellán, me encontraba muy lejos, en otra parte del país, sin recursos para volver a mi anterior destino y cumplir los deberes que había prometido. El mal tiempo canceló el vuelo que me había propuesto tomar y con el siguiente vuelo no llegaría a tiempo a mi casa. Ir en coche quedaba descartado. Me hallaba muy disgustado. Desde que soy capellán nunca he aceptado compromisos para hablar que me impidiesen atender mis obligaciones de la base y, ahora, me parecía que iba a desatender mi trabajo.

Yo oré así: "Señor, tú sabes que hasta ahora nunca he acudido tarde a cumplir mis compromisos. Pongo esta situación por completo en tus manos. Yo sé que tú tienes un propósito perfecto para mí. Te doy las gracias y sé que me ayudarás a resolver este problema."

En la reunión en que tenía que hablar encontré un piloto de la Fuerza Aérea. Estaba destinado en una base no lejos de allí, y cuando se enteró del compromiso que yo tenía, me dijo: "Voy a llamar a mi comandante y veré si puedo hacer algo."

El comandante respondió: "Precisamente necesito ir yo mismo en esa dirección. Será un

placer para mí poder llevar al capellán a Fort
Benning. Que esté a las seis de la mañana en la
base."

Pasé la noche en el hogar del piloto como su
huésped y, a la mañana siguiente, a las seis, fuimos al aeropuerto. Me sentí aliviado y daba gracias a Dios de que hubiese resuelto la situación.
Pero aún no me daba cuenta de cuán abundantemente lo había hecho.

Miré a mi alrededor buscando el avión que
esperaba. Se hallaban alineados en fila, grandes aviones cuatrimotores, pero no había ninguno que pareciese dispuesto y que se asemejase a
los que se emplean para un vuelo corriente. Yo
esperaba un avión pequeño, y no muy confortable, sólo para poder llegar a tiempo a mi casa.
Y pensaba que era todo lo que necesitaba.

Mi amigo piloto, se paró, y me dijo: "Este es,
capellán, ya puede subir." Yo le miré sorprendido. ¡Delante de mí se hallaba el avión más grande de los que había en la pista! ¡Parecía un
monstruo!

"Esto no puede ser para mí, Señor", pensé.
Subí la escalinata casi deslumbrado y seguí a
la persona de la tripulación encargada de condu-
cirme a mi sitio, un confortable asiento en un
amplio sofá. Yo era el único pasajero y el avión
estaba dotado de todas las comodidades. No era
un avión de carga o de transporte.

El comandante volvió y se presentó a sí mismo
diciendo que esperaba que tuviese un vuelo agradable. Sólo pude darle las gracias, tartamudeando,
pues aún estaba anonadado. Yo sabía que Dios había provisto este avión para llevarme de nuevo
a Fort Benning a tiempo, pero, ¿por qué este

avión tan lujoso? ¿Por qué no había escogido uno más pequeño y adecuado para mí?

Me sentía muy indigno y, de repente, me vinieron pensamientos de que un avión tan grande, suponía, realmente, un derroche.

"¿Qué significa esto, Señor?", pregunté asustado. "Sólo que te amo", me respondió el Señor. "Quiero demostrarte que es así como deseo proveerles a mis hijos que confían en mí."

"Empiezo a comprender, Señor", reflexioné, brotando en mí el gozo, mientras los pensamientos continuaban.

"Quiero decir a todos los que me escuchan", seguí oyendo la voz de Dios "que estén agradecidos por cada detalle en sus vidas, y abriré las ventanas de los cielos y derramaré bendiciones como jamás podían esperar."

"Gracias, Señor", exclamé desde mi asiento.

"Y recuerda (la voz continuaba en mi mente) que nunca podrás merecer mis bendiciones. No puedes trabajar por obtenerlas o ganarlas. Todo lo que te doy es un don gratuito, a causa de mi bondad, y deberás comprenderlo así, y aceptarlo."

Cuando viajo en aviones comerciales aterrizo a diez millas de mi despacho, pero el inmenso avión cuatrimotor aterrizó delante de Fort Benning, a unos cientos de metros del lugar donde tenía mi compromiso. Al entrar en el edificio, miré mi reloj. Había llegado *exactamente* cuando necesitaba llegar. Ni un minuto antes ni un minuto después.

Dios provee para nuestras necesidades y lo hace de forma abundante y gratuita. Todo lo que debemos hacer es pedir. El primer don gratuito que Dios quiere que sus hijos le demanden es el bautismo en el Espíritu Santo. El bautismo en el Espíritu Santo fue provisto como un "primer alimento" para los nuevos creyentes que habían nacido de nuevo. Ellos necesitaban crecer.

El Espíritu Santo viene a morar en los nuevos creyentes en el momento que aceptan a Jesucristo como su Salvador. Son nacidos del Espíritu. Pero también dijo Jesús a sus discípulos que tendrían que esperar hasta ser *bautizados* con el Espíritu Santo antes de que pudieran ser sus testigos y extender las buenas nuevas con autoridad.

Los discípulos esperaban en Jerusalén, como Jesús les había dicho, y en el día de Pentecostés, leemos que vino "un estruendo como de un viento recio que soplaba, el cual llenó toda la casa donde estaban sentados; y se les aparecieron lenguas repartidas, como de fuego, asentándose sobre cada uno de ellos. Y fueron todos llenos del Espíritu Santo, y comenzaron a hablar en otras lenguas, según el Espíritu les daba que hablasen" (Hechos 2:2-4).

Este fue el principio de la iglesia cristiana. Los tímidos discípulos de Cristo fueron transformados en atrevidos testigos, libres de todo temor, y, enseguida, empezaron a predicar las buenas nuevas con poder y autoridad, y pudieron hacer los mismos milagros que hiciera Cristo.

Jesús dijo: "De cierto, de cierto os digo: El que en mí cree, las obras que yo hago, él las hará también; y aun mayores hará, porque yo voy al Padre" (Juan 14:12).

Nuevos creyentes se añadieron por millares a la iglesia, y si leemos el libro de los Hechos vemos que el bautismo del Espíritu Santo, por lo general seguía inmediatamente a la conversión.

Cuando Pedro predicó en casa de Cornelio, en Cesarea de Filipo, el Espíritu Santo se posesionó de los oyentes tan pronto como aceptaron lo que Jesús había hecho en su favor. (Hechos 10:44.)

Al ser predicado el evangelio en Samaria, muchos samaritanos aceptaron a Jesús como Salvador y fueron bautizados en agua.

Pedro y Juan fueron enviados de Jerusalén, y "habiendo venido, oraron por ellos para que recibiesen el Espíritu Santo" (Hechos 8:15).

Pedro y Juan no dijeron a los nuevos creyentes que esperasen algún tiempo, o que estudiaran las Escrituras y orasen, y se prepararan. Los apóstoles de Jerusalén sabían que el Espíritu Santo no se había posesionado de los nuevos creyentes y, después, enseguida "les imponían las manos, y recibían el Espíritu Santo" (Hechos 8:17).

El bautismo en el Espíritu Santo ha sido prometido a todos los que creen en Jesucristo, quien dijo: "Si alguno tiene sed, venga a mí y beba. El que cree en mí, como dice la Escritura, de su interior correrán ríos de agua viva" (Juan 7:37, 38). Y el evangelista, en el versículo siguiente (cabría decir que a modo de aclaración), manifiesta: "Esto dijo del Espíritu que habían de recibir los que creyesen en él; pues aún no había venido el Espíritu Santo, porque Jesús no había sido aún glorificado."

El bautismo en el Espíritu Santo es un don gratuito. No puede merecerse. Jesús, quien proveyó nuestra salvación, también proveyó el Espíritu Santo.

Cristo dijo: "Yo rogaré al Padre, y os dará

otro Consolador, para que esté con vosotros para siempre: el Espíritu de verdad, al cual el mundo no puede recibir, porque no le ve, ni le conoce; pero vosotros le conocéis, porque mora con vosotros, y estará en vosotros" (Juan 14:16, 17).

Jesús es el único que envía el Espíritu Santo. El nos bautiza en el Espíritu Santo.

Dios le dijo a Juan el Bautista cuando estaba bautizando en el río Jordán: "Sobre quien veas descender el Espíritu y que permanece sobre él, ése es el que bautiza con el Espíritu Santo" (Juan 1:33).

Entonces, ¿por qué hay tantos cristianos que luchan tan desesperadamente por recibir el bautismo del Espíritu Santo? Los he visto con caras tristes por todos lados.

"¿Qué es lo que sucede conmigo?", dicen. "¿Soy demasiado indigno o demasiado débil? Necesito desesperadamente el poder de Dios en mi vida."

Un maestro de la escuela dominical escribió lo siguiente: "Necesito el poder del Espíritu Santo en mi vida. Trato con todas mis fuerzas de ser más obediente y asemejarme a Cristo. Pensé que bien pudiera ser que no leyese suficientemente la Biblia, y he tratado de levantarme más temprano y leer durante una hora, y, luego, orar durante media hora. Pero aún no veo ningún poder en mi vida y no he podido recibir el bautismo del Espíritu Santo. He confesado todos los pecados que me han venido a la mente. Soy cristiano desde hace veinte años, pero estoy tan carente de las virtudes cristianas, que, a veces, dudo si soy salvo..."

Tales personas son como niños pequeños que están en un rincón tratando de estirarse para crecer, a fin de poder comer el alimento maravilloso que ha sido preparado para ellos. Sufren dolores provocados por el hambre, pero no quieren comer hasta que no se les hayan pasado los dolores.

Los cristianos en la iglesia primitiva tenían los mismos problemas. Se quedaban pensando que tenían que ser lo suficientemente buenos para recibir los dones gratuitos de Dios. San Pablo les escribió así: "¡Oh gálatas insensatos! ¿quién os fascinó para no obedecer a la verdad, a vosotros ante cuyos ojos Jesucristo fue ya presentado claramente entre vosotros como crucificado? Esto solo quiero saber de vosotros: ¿Recibisteis el Espíritu por las obras de la ley, o por el oír con fe? ¿Tan necios sois? ¿Habiendo comenzado por el Espíritu, ahora vais a acabar por la carne?" (Gálatas 3:1-3).

Los gálatas ya habían recibido el Espíritu Santo como resultado de haber confiado en Jesucristo para su salvación, pero la tentación de pensar en sí mismos como responsables de su propio crecimiento cristiano les había hecho volverse de una vida de fe.

El orgullo y la tentación de acreditarnos en nuestro crecimiento cristiano engaña a los creyentes de todos los tiempos en su vida espiritual. Satanás nos tienta de dos maneras evidentes. Puede susurrarnos: "Es posible que vayas siendo más espiritual. Esfuérzate algo más y tendrás más poder". O nos dice: "Observa cuán miserable y débil eres. No es extraño que Dios no pueda confiarte más bendiciones."

Pueden ustedes alabar sus propios resultados o criticar los propios fallos, es igual. Están tomando la responsabilidad de sus méritos en ustedes mismos, en lugar de dejársela a Dios, a quien le corresponde.

Un ministro del evangelio tenía una debilidad que no podía vencer, a pesar de todo lo que se esforzaba para conseguirlo. Finalmente, terminó en una prisión, acusado de falsificación. Era un cristiano nacido de nuevo; estaba abrumado por su propia falta y se arrepintió sinceramente de su pecado. Creía que Dios le había perdonado, pero estaba convencido de que jamás podría utilizarle para llevar a otro a él.

Un día, un amigo le envió *El secreto del poder espiritual*. En ese libro, leyó que Dios emplea cada cosa, hasta nuestros errores, para bien. Con una esperanza renovada se atrevió a dar gracias a Dios por su propia falta y por su encarcelamiento. Me escribió así: "Alabado sea Dios, pues mi vida ha cambiado completamente. Las antiguas lamentaciones, culpas y remordimientos, que me ataban, han desaparecido. Yo puedo alabar y dar gracias a Dios por cada detalle de mi vida, tal y como es. Antes no comprendía la anchura y la profundidad de la misericordia de Dios. Pensaba de mí mismo que era tan "bueno" como para que Dios me utilizase. ¡Qué gozo es el haber muerto a mi antiguo orgullo para que en mí pueda vivir Cristo, y nada más que él!"

La celda de este ministro del evangelio pronto se tornó en un templo de alabanza, y otros prisioneros fueron llevados a Cristo.

Si pensamos en nosotros mismos como suficientemente buenos o no para ser utilizados por Dios, caemos en una trampa peligrosa. Jesús advirtió a sus seguidores: "No juzguen ni critiquen ni condenen a otros, para que no se juzguen, critiquen y condenen a ustedes mismos."

Sólo Dios puede juzgar, y él ha declarado ya que somos santos y sin una falta delante de sus ojos, si estamos cubiertos por su amor. Entonces, ¿cómo nos atrevemos a poner una norma y medir por ella tanto a nosotros mismos como a los demás? Unicamente Dios es apto para tratar con nuestro pecado. ¡Cuán equivocados podamos estar nosotros o los demás, es un asunto que sólo Dios puede juzgar!

Cuando juzgamos a otros, muchas veces estamos completamente equivocados. Juzgamos a los demás por nuestra manera de vestir, nuestro modo de ser, o de beber, o de fumar, o por la clase de películas (filmes) que hayamos visto.

¿Cómo elegimos, a veces, a un instructor de escuela dominical? Imagínense a dos cristianos sentados el uno al lado del otro. Uno es de mediana estatura y peso, y usted sabe que fuma. El otro es gordo, pesa por lo menos ciento cincuenta kilos; parece un barril, pero es amable y jamás se olvida de llevar su Biblia a la Iglesia.

Ahora bien, ¿a cuál de los dos elegiríamos para enseñar sobre "cómo ejercer la disciplina como un fruto del Espíritu Santo"?

Fumar es mala costumbre, peligrosa para nuestra salud, y demuestra una falta de disciplina. ¿Y qué diremos del hombre gordo? La Biblia dice que la glotonería y la embriaguez merecen la pena de muerte. "Y dirán a los ancianos de la ciudad: Este nuestro hijo es contumaz y rebelde, no obedece a nuestra voz; es glotón y borracho. Entonces todos los hombres de su ciudad le apedrearán con piedras, y morirá: así quitarás el mal de en medio de ti; y todo Israel oirá, y temerá" (Deuteronomio 21:20, 21). La glotonería prepara su propia muerte, y lo mismo cabe decir del fumador.

No estoy recomendando, por supuesto, que juzguen, lectores queridos, ni a las personas gordas ni a los fumadores. ¡Los hombres no tenemos el derecho de juzgar!

Cuando la mujer sorprendida en adulterio fue llevada delante de Jesús, los judíos y fariseos le dijeron: "Maestro, esta mujer ha sido sorprendida en el acto mismo de adulterio. Y en la ley nos mandó Moisés apedrear a tales mujeres. Tú, pues, ¿qué dices?" Jesús respondió: "El que de vosotros esté sin pecado sea el primero en arrojar la piedra contra ella" (Juan 8:7).

¿Quién de nosotros está capacitado para arrojar piedras de crítica, de juicio, o de condenación? Midiendo nuestra "bondad" o "maldad" es, precisamente, otro modo de tratar de justificar nuestra posición con Dios por nuestras buenas obras en lugar de por la fe.

Al discutir sobre la "fe" y sobre las obras, algunos citan, a menudo, Efesios 2:10: "Porque somos hechura de Dios... creados en Cristo Jesús para buenas obras, las cuales Dios preparó de antemano para que anduviésemos en ellas." Y añaden: "Esto, ¿no significa claramente que somos nacidos de nuevo para hacer buenas obras para Dios?"

Pero consideremos otros versículos del mismo capítulo 2 de Efesios, los números 8 y 9, que dicen así: "Porque por gracia sois salvos por medio de la fe; y esto no de vosotros, pues es don de Dios; no por obras, para que nadie se gloríe."

¿Acaso piensa Pablo que somos salvos por la fe, pero que, desde entonces, caminamos a nuestro propio riesgo? Parece que no tiene esto mucho sentido, ¿no es así? Porque, anteriormente, en la misma epístola a los Efesios, el apóstol dice que hemos *sido hechos santos* y sin falta alguna a los ojos de Dios, y que hemos sido provistos con toda clase de bendiciones en lugares celestiales.

Por consiguiente, ¿qué es lo que piensa Pablo? Puede muy bien ser que tuviese una idea diferente sobre las "obras" de la que nosotros tenemos.

Santiago escribió: "...¿de qué aprovechará si alguno dice que tiene fe; y no tiene obras? ¿Podrá la fe salvarle?... ¿No fue justificado por las obras Abraham nuestro padre, cuando ofreció a su hijo Isaac sobre el altar?" (Santiago 2:14 y 21).

Ahora bien, ¿qué clase de buenas obras eran éstas? Subir a un monte dispuesto a sacrificar sobre el altar a su único hijo porque Dios así se lo había pedido que lo hiciese, precisamente porque era el hijo mediante el cual Dios había prometido a Abraham que le bendeciría y le daría una multitud de descendientes?

Santiago prosigue diciendo: "¿No ves que la fe actuó juntamente con sus obras, y que la fe se perfeccionó por las obras? Y se cumplió la Escritura que dice: Abraham creyó a Dios, y le fue contado por justicia, y fue llamado amigo de Dios?" (Santiago 2:22, 23).

Entonces, ¿qué clase de buenas obras tenemos

que hacer? En su tiempo, los discípulos de Jesús le hicieron la misma pregunta: "¿Qué debemos hacer para poner en práctica las obras de Dios?" Y Jesús les contestó: "Esta es la obra de Dios, que creáis en el que él ha enviado" (Juan 6:28, 29).

Es exactamente lo que hizo Abraham. Las "buenas obras" de Abraham fueron que él confió en que Dios cumpliría su promesa. Nunca vaciló en su fe. Y, así, Dios eligió a Abraham para hacerle padre de Israel.

Jesús prometió a sus seguidores que harían cosas aún más grandes de las que él hizo, y sabemos que después de recibir el bautismo en el Espíritu Santo, sus discípulos predicaron con poder e hicieron grandes milagros.

La parte que les correspondía a ellos en esas grandes obras era *creer*. El poder de realizar milagros no les pertenecía, sino provenía de Dios, a través de ellos, porque tenían fe.

Un concepto corriente, pero erróneo, respecto del bautismo en el Espíritu Santo es el de que, de algún modo, *nos* da poder, *nos* da fuerza, aumenta nuestro poder y nuestra habilidad para trabajar para Dios, nos hace gigantes espirituales.

Nada podría estar más alejado de la verdad. Así que, ¿para qué necesitamos el bautismo?

El bautismo del Espíritu Santo está destinado a *reducirnos*, a fin de que más de la presencia y el poder de Dios puedan morar en nosotros, y fluir a través de nosotros.

San Pablo escribió: "A Aquel que es poderoso para hacer todas las cosas mucho más abundantemente de lo que pedimos o entendemos, según el poder que actúa en nosotros, a él sea gloria en la iglesia en Cristo Jesús por todas las edades" (Efesios 3:20, 21).

Es Dios quien realiza la obra en nosotros, y cuanto más confiemos en él y menos dependamos de nosotros mismos, tanto mejor puede hacerlo.

Entonces, ¿qué es exactamente el bautismo del Espíritu Santo?

Jesús mencionaba a menudo el Espíritu Santo como el Espíritu de verdad. "Cuando venga el Espíritu de verdad, él os guiará a toda la verdad; porque no hablará por su propia cuenta, sino que hablará todo lo que oyere, y os hará saber las cosas que habrán de venir" (Juan 16:13).

El Santo Espíritu de verdad mora en *todos* los creyentes y los guía, pero ser bautizados en el Espíritu de verdad significa muchísimo más. La palabra que en nuestra Biblia traducimos como "bautizar" significa sumergir, impregnar, empapar, y en griego se emplea la misma palabra para decir "anegado en agua".

Así que pedir a Jesús que nos bautice con el Espíritu Santo significa que nos entregamos para ser saturados —empapados— con su verdad.

Jesús intercedió ante su Padre por nosotros. "Santifícalos —conságralos, purifícalos, sepáralos— en tu verdad" (Juan 17:17).

El bautismo en el Espíritu Santo es una experiencia de limpieza, de purificación, de despojarse de sí mismo; es una exposición total al proyector de la verdad de Dios en cada pequeño rincón de nuestras vidas. El bautismo está designado a vaciarnos de nuestra propia confianza, de nuestro orgullo, de nuestras pequeñas áreas oscuras de engaño y de las excusas que hemos mantenido sin cesar, de todas las cosas que obstruyen nuestra fe y la afluencia del poder y de la presencia de Dios en nuestra vida.

El bautismo en, o con el Espíritu Santo, tiene un doble propósito: la purificación y la preparación del vaso para *contener* el poder de Dios, y, luego, *llenarlo* con el poder. Los dos hechos se realizan simultáneamente, porque cuando el Espíritu Santo de verdad empieza a saturar nuestros seres, descubre y expulsa todos los desperdicios y escombros que hemos dejado amontonarse en nuestro interior.

Jesús dijo: "Recibiréis poder, cuando haya venido sobre vosotros el Espíritu Santo, y me seréis testigos en Jerusalén, en toda Judea, en Samaria, y hasta lo último de la tierra" (Hechos 1:8).

No significaba que el poder nos pertenecería y que operaría a través de nosotros. Somos los vasos recipientes, los canales. Aunque nos esforcemos, no podemos llegar a ser la sustancia. Somos como vasos que contienen agua viva. El agua puede saciar la sed de los hombres, pero un vaso vacío no puede satisfacer a nadie.

San Pablo escribió: "Tenemos este tesoro en vasos de barro, para que la excelencia del poder sea de Dios, y no de nosotros" (2 Corintios 4:7).

Decir que no necesitamos el bautismo del Espíritu Santo es lo mismo que decir que no precisamos ser limpiados, sumergidos, saturados de la verdad de Dios, ni de la plenitud de su poder que se manifiesta en nosotros y por nosotros.

Jesús dijo a sus seguidores: "¿Qué padre de vosotros, si su hijo le pide pan, le dará una piedra? ¿O si pescado, en lugar de pescado, le dará una serpiente? ¿O si le pide un huevo, le dará

un escorpión?" (¡Seguramente que no!). "Pues
si vosotros, siendo malos, sabéis dar buenas dá-
divas a vuestros hijos, ¿cuánto más vuestro Padre
celestial dará el Espíritu Santo a los que se lo
pidan?" (Lucas 11:11-13).

Así que podemos pedir a Jesús que nos bautice
en el Espíritu Santo, *sabiendo* que él lo hará.

Todas las semanas recibo cartas de personas
que dicen que han pedido a Dios que las bautice
con el Espíritu Santo, pero que nada ha sucedido. ¿Qué ha acontecido? La preocupación es
que miran a sus propios sentimientos en lugar
de mirar al hecho de Dios. El tropezadero es
siempre los sentimientos.

El bautismo del Espíritu Santo, igual que todo
don de Dios, debe ser recibido por *fe*. Esto significa que no es necesario sentir algo. La fe es
un hecho de nuestra voluntad, no una respuesta
a nuestros sentimientos.

Algunas personas experimentan dramáticas
sensaciones físicas cuando son bautizadas en el
Espíritu Santo, igual que las hay que tienen
un encuentro dramático emocional con Jesucristo cuando le reciben como su Salvador. Pero no
somos salvos por los sentimientos ni tampoco
somos bautizados con el Santo Espíritu por los
sentimientos. Sean cuales sean las sensaciones
externas que podamos o no podamos sentir al
ser bautizados en el Espíritu Santo, las sensaciones *no* son el bautismo. El bautismo es una
transformación *interior*.

Como resultado de esta transformación interior, nos dice la Biblia que habrá muchas evidencias que la sigan. Poder aumentado y autoridad en el testimonio de Cristo; la operación

de dones del Santo Espíritu a través de nosotros; los frutos del Espíritu Santo: el amor, el gozo, la paz, en constante aumento. Experimentaremos todas estas cosas con nuestros sentidos, pero estas evidencias vienen después de nuestra aceptación al hecho de Dios; no podemos medirlas por nuestros sentimientos.

Tenemos que decidirnos a aceptar la Palabra de Dios con fe, y, deliberadamente, dejar de escuchar nuestros sentimientos. Si no lo hacemos, nunca podremos ejercer nuestra fe.

Digan a Dios que *quieren* creer en su Palabra. Que quieren creer que Jesús les bautizará cuando se lo pidan. *Estén* firmes en su fe y *sepan* que ha ocurrido.

Una mujer joven me escribió así:

"Pienso entrar en el Seminario el próximo otoño, pero a mi vida cristiana le falta poder. Entré en contacto con un grupo de cristianos que han experimentado el bautismo del Espíritu Santo. Oran y hablan en lenguas y, entre ellos, han ocurrido milagros. Estoy convencida de que todo esto se halla de acuerdo con las Escrituras y he orado para recibirlo, pero, por una u otra razón, no lo he experimentado. Yo sé que los dones del Espíritu no se nos dan para nuestro gozo personal, sino para la obra que Dios desea que hagamos. Mas, hasta ahora, él no me ha confiado esta experiencia. ¿Qué es lo que me falta? Estoy extrañada. Yo creo en el Señor Jesucristo como mi personal Salvador y deseo servirle de todo corazón. Se lo he dicho a él muchas veces. He confesado mis pecados —en la Iglesia y en mis oraciones privadas— y sé que estoy perdonada y limpiada. Deseo servir a Cristo, y necesito el bautismo del Espíritu Santo para ser más eficaz. Entonces, ¿por qué no ha sucedido nada? ¿Acaso he hecho algo malo para que no oiga Dios mis oraciones?

"Ayer me arrodillé en nuestra reunión de oración y pedí que me fuese concedido el bautismo del Espíritu Santo. Varias personas pusieron sus manos sobre mí y oraron para que lo recibiese. Pero yo no sentí nada. Por favor, ore usted por mí."

No importa donde esté usted ni las palabras que pueda pronunciar para pedir el bautismo del Espíritu Santo. Ni importa si está usted solo o si otras personas oran en su favor y ponen sobre usted sus manos. El bautismo del Espíritu Santo es un asunto personal entre usted y quien le bautiza, Jesucristo.

Usted necesita pedir únicamente una cosa y, entonces, dé gracias a Dios por haber escuchado su petición y él la concede. Si usted oró la semana pasada, y no ha ocurrido nada, entonces no se preocupe por sus sentimientos. Jesús ha hecho lo que le correspondía; ahora, usted debe confiar en que ya está realizado.

No es necesario que sienta alguna cosa, pero hay una consecuencia tangible. Usted puede seguir pidiendo y experimentará el resultado. El don de lenguas fue concedido como consecuencia del bautismo del Espíritu Santo, tal y como vemos en el Libro de los Hechos. Fue la primera operación de un don espiritual en los creyentes que habían sido bautizados recientemente.

Cuando pedí a Jesús que me bautizara con el Espíritu Santo, no sentí nada. Una señora puso sus manos sobre mí y oró por mí en lenguas, pero no sentí entonces ninguna sensación física, y pensé que nada había sucedido. La señora me dijo que aceptase el bautismo de fe no para depender de mis sentimientos, sino para dar gracias a Dios por lo que él ya había hecho. Así lo hice, aunque me pareció algo ridículo. Entonces, la señora me dijo que podría hablar en lenguas con sólo que abriese mi boca y dejara que brotasen de ella las palabras. Vacilé y pensé que estaba poniéndome en ridículo. Sabía que la Biblia dice que hablar en lenguas es un don del Espíritu Santo y, desde entonces, fui lleno del Espíritu Santo —lo sintiese o no— y podía esperar que el Espíritu Santo obrase en mí, y por mí, y noté algunas "palabras" extrañas que se formaban en mi mente, y abrí mi boca y las dije en voz alta. Sonaban neciamente y mi primera reacción fue pensar: *"Estás fingiendo; estás diciendo un galimatías."* Después, me di cuenta que hablar *en fe* significa que no debo fiarlo a mis sentimientos para medir los resultados. Decidí aceptar la palabra de Dios para ello y no hacer caso de lo que yo pudiera pensar.

Aun no había *sentido* nada, pero me propuse creer. La primera evidencia que pude notar en mis sentimientos fue una intensa seguridad de que Jesús es mi Salvador y Señor. Yo sabía por la Palabra de Dios que el Espíritu Santo había sido enviado para testificar de Jesús, y estaba convencido —ahora más que nunca— de quién era Jesús y de lo que significaba para mí. La segunda evidencia que sentí fue un amor profundo por todos. Esto también lo decía la Palabra de Dios. El amor es un fruto del Espíritu Santo. Desde entonces, he experimentado la operación de otros dones del Espíritu Santo en mí y por mí. No tengo en mí la capacidad de sanar enfermos, de realizar milagros, ni el don de profecía. Sólo *creo* que Dios obra a través de mí con el poder del Espíritu Santo si ando por fe, esperando que él así lo haga.

Cuando alguien es sanado, después de haber puesto yo las manos sobre una persona y de haber orado a Dios en su favor, no es porque yo me haya vuelto extra-espiritual. Soy únicamente el canal o cauce. Al orar, *siento* algunas veces la presencia del poder sanador de Dios y en otras ocasiones no siento absolutamente nada.

Los resultados no dependen nunca de nuestros sentimientos o emociones, sólo de nuestra fe, es decir, de nuestra deliberada voluntad de creer que Dios está operando.

Cuando usted abre la boca y empieza a hablar en lenguas por fe, estará tentado de pensar —como yo lo hice— que está falsificando y formando las palabras. No permita que este pensamiento le engañe y no deje de practicar el hablar en lenguas por fe.

Sí, en sinceridad, se ha entregado a Dios, y también le ha entregado su lengua, pidiendo que el Espíritu Santo le dé las palabras para orar, entonces puede confiar en que lo hará aún cuando las palabras suenen bien, o no, en sus oídos.

Lo que realmente importa, no son las palabras sino el hecho de que el Espíritu Santo está orando, por medio de nosotros, directamente, a Dios. Pero, ¿por qué oramos —bien sea en lenguas o en el propio idioma— si Dios sabe lo que necesitamos antes de que se lo pidamos?

Oramos porque éste es el plan de Dios para

sus hijos y su mandamiento explícito para nosotros.

"Orad sin cesar" (1 Tesalonicenses 5:17).

Es muy importante que dediquemos diariamente algún tiempo para hablar en lenguas. Pensemos un instante lo que entonces estamos haciendo. El Espíritu Santo de verdad está hablando por medio de nosotros.

Jesús prometió que de los seres que creyesen en él brotarían ríos de agua viva (Juan 7:38).

El hablaba de los ríos de verdad, brotando de nuestro ser al ser nosotros sumergidos y saturados por Espíritu de verdad.

A menudo pensamos sólo en la verdad que correrá en otros, pero pensemos ahora lo que la verdad debe hacer, primeramente, en nosotros. La verdad es el poder que libera nuestro esclavizado espíritu. Desenmascara y saca a la luz cada mentira escondida, cada culpa o temor, todas las áreas oscuras de nuestro pasado escondido en el fondo de nuestras mentes, en el subconsciente de nuestras almas. *Con nuestro entendimiento*, ni siquiera podríamos comenzar a hablar con Dios acerca de estas cosas. Y ésta es una de las razones por las que *Dios ideó* esta nueva dimensión de la oración.

Pero cuando hablamos en lenguas, comunicamos directamente nuestro espíritu con Dios. El Espíritu Santo ora *por nosotros*, y hablamos cosas que no podemos entender, pero el Espíritu Santo de verdad indaga las profundas áreas de nuestro ser. Esto es lo que, al hablar en lenguas, le da un tal poder sanador en nuestras vidas. Después descubriremos que cuando hablamos en lenguas para otros, oramos directamente por las

necesidades que desconocemos con nuestro entendimiento, y, a veces, las personas por las cuales
oramos no tienen idea de cuál sea la raíz de su
problema.

Un ama de casa que había sufrido serios problemas emocionales desde que tenía unos doce
años, aceptó a Jesucristo como su Salvador. Pero
no sintió alivio de la fuerte tensión que le ator-
mentaba. Estudió lo que la Biblia dice acerca
del bautismo del Espíritu Santo y se convenció
de que Dios deseaba que lo experimentase.

Un día se arrodilló en su cuarto de estar, y
oró así: "Señor Jesús, yo te entrego todo mi
ser. Límpiame de cuanto no te agrada, y bautí-
zame con tu Espíritu Santo. Te doy las gracias,
y creo que así lo harás."

De momento, no sintió reacción de ninguna
clase y continuó con el trabajo de la casa. Pero
después de tres semanas algo parecía pasarle que
no era corriente.

Lloraba de modo casi constante y era como si
estuviese reviviendo los primeros años de su des-
graciada infancia. Incidentes que, desde hacía
mucho tiempo, ya había olvidado, volvían a su
memoria; cosas que otros le habían hecho y que
le habían dejado una huella de temor; cosas que
ella había hecho hiriendo a otros. Con cada recuerdo le sobrevenía un mar de lágrimas de
arrepentimiento y, entonces, pedía a Dios que la
perdonara, y también a cuantos la habían herido, a fin de sanar el recuerdo con el amor divino.

Para todas sus lágrimas, ella pensó en un versículo de la Biblia, (Romanos 8:26) que dice así:
"De igual manera el Espíritu nos ayuda en nuestra debilidad; pues qué hemos de pedir como con-

viene, no lo sabemos, pero el Espíritu mismo intercede por nosotros con gemidos indecibles."

En medio de sus momentos de angustia, empezó a sentir una tranquilidad interior, cada vez más grande. Entonces, una noche, al final de la tercera semana, tuvo una crisis muy fuerte, gritando y gritando, como si su corazón fuese a estallar.

Ella recordaría más tarde: "Sentí como si las convulsiones de las lágrimas vinieran desde lo más hondo de mi ser. Y, después, de repente, cesaron, como cuando amaina una tormenta, dejando tras de sí una hermosa calma. Descansé en esta paz hasta darme cuenta de que una luz me iluminaba desde arriba. Más que verlo, pude sentirlo, y yo sabía que era el amor de Dios que me rodeaba..."

La mayor parte de sus tensiones desaparecieron, aunque no del todo. En los días siguientes se encontraba más aliviada que antes, y cantaba mientras realizaba las tareas de la casa o transitaba por la ciudad. Una y otra vez cantaba un coro sencillo que había enseñado a sus hijos: "Cómo amo a Jesús..." De repente, ese coro había adquirido para ella otro significado.

Una tarde, iba conduciendo su coche hacia la ciudad, cuando se dio cuenta de que iba añadiendo otras palabras a la melodía que estaba cantando. "No sabía lo que me estaba sucediendo" —dijo más tarde—. "Nunca había dado importancia a lo que la Biblia dice respecto del hablar en lenguas, pero yo estaba cantando un nuevo lenguaje que tenía algo que ver con el bautismo del Espíritu Santo."

Continuó cantando en lenguas todos los días,

y a medida que iban pasando semanas y semanas, desapareció su antigua tensión y su angustia emocional.

"El psiquiatra me había dicho que tenía que aceptarlo como un impedimento emocional, pero, gracias a Dios, me sanó", decía. "¡Ahora, puedo cantar mi sanidad en lenguas!"

Si ha orado usted para ser bautizado con el Espíritu Santo, puede tomar la Palabra de Dios al pie de la letra, porque está hecho. Puede abrir su boca ahora mismo y hablar las palabras o sonidos que vengan a su mente, en la confianza de que es el Espíritu Santo quien lo pone en su mente.

Dios no le obligará a hablar en lenguas. Con el bautismo en el Espíritu Santo, da la posibilidad de hablar en lenguas, pero únicamente, si ése es el deseo de usted. Use su boca, su lengua y su voz, y puede empezar y terminar hablando según quiera. Si no nota emoción o sensación de ninguna clase, dé gracias a Dios por esa falta de emoción o sensación. Un día las *sentirá*, pero, entre tanto, Dios le da una oportunidad maravillosa para crecer en fe.

Lea en su Biblia todo lo que Jesús dice acerca del Espíritu Santo; lea en el Libro de los Hechos y en las epístolas a las jóvenes iglesias lo referente al Espíritu Santo, a los dones del Espíritu, a los frutos del Espíritu. Ahora, todo eso puede ser suyo.

Espere que tales cosas se realicen en su vida. Diga a Dios que desea que le use como un medio para su amor divino en favor de otros, y esté dispuesto a andar en fe, cuando Dios provea las oportunidades.

Alabe a Dios en todas las circunstancias, tanto si son favorables como si no lo son. Confíe en que Dios las ha de usar para desarrollar su plan maravilloso para su vida.

4

Cuéntelo gozosamente

Querido hermano: ¿Está su vida llena de dificultades y de tentaciones? Entonces, esté gozoso, porque cuando el camino es áspero, su paciencia tiene probabilidad de crecer. Déjela crecer, y no trate de evadirse de sus problemas. Porque cuando su paciencia se perfeccione, estará preparado para cualquiera cosa, firme en su carácter, y perfecto (Santiago 1:2-4).

Dios tiene un plan especial para su vida, que comenzó desde hace mucho tiempo, cuando él le creó. Le formó amorosamente, cuidadosamente, para sus planes especiales, y en todos los detalles, como él lo deseaba (su parecido, sus habilidades, su lugar de nacimiento, la familia en que nació, o la falta de ella). Nada referente a usted o a su vida ha sido accidental, hasta este mismo momento. El le ha guiado con amor a través de circunstancias que ha ordenado para igual propósito. Le ha dado un nuevo nacimiento, una nueva vida por medio de su Espíritu Santo, cuando usted aceptó a su Hijo Jesucristo como su Salvador, y fue bautizado, lleno del Espíritu Santo. Y ahora, el plan de Dios es hacerle satisfecho y completo.

"Por Cristo..." tenemos entrada por la fe a esta gracia en la cual estamos firmes, y nos gloriamos en la esperanza de la gloria de Dios" (Romanos 5:2).

Dios quiere hacer algo de nosotros. ¡Todos lo sabemos, por supuesto! Dios quiere que seamos más amables, más llenos de amor, más pacientes; desea que tengamos más fe, más paz, más humildad; que sepamos gobernarnos para poder ser sus testigos. ¿No es cierto?

Lo es, sin duda, pero la mayor parte de nosotros piensa que eso significa tener que aventurarnos en un programa riguroso de improvisación, tratando de hacernos más cariñosos, más amables, más pacientes, más humildes. Y cuanto más lo intentamos, más frustrados nos vemos.

Dios tiene que hacer la transformación, y quiere que nos entreguemos a él, confiando que nos transformará.

"Hermanos, os ruego por las misericordias de Dios, que presentéis vuestros cuerpos en sacrificio vivo, santo, agradable a Dios, que es vuestro culto racional. No os conforméis a este siglo, sino transformaos por medio de la renovación de vuestro entendimiento, para que comprobéis cuál sea la buena voluntad de Dios, agradable y perfecta" (Romanos 12:1, 2).

¿Cómo efectúa Dios ese cambio en nosotros? ¿Cómo romper los antiguos moldes de pensamiento y de acción con los que hemos vivido durante años? Estas características que hemos denominado "rasgos personales", "gustos personales", "preferencias", "opiniones firmes", según un examen más detenido, bajo el escrutinio del Espíritu Santo del Dios de verdad, se ven como parte de un comportamiento egoísta defensivo que durante años nos ha separado del amor de Dios y del amor nuestro hacia los demás.

¿Qué método emplea Dios para cambiarnos?

"En lo cual vosotros os alegráis, aunque ahora por un poco de tiempo, si es necesario, tengáis que ser afligidos en diversas pruebas, para que sometida a prueba vuestra fe, mucho más preciosa que el oro, el cual aunque perecedero se prueba con fuego, sea hallada en alabanza, gloria y honra cuando sea manifestado Jesucristo" (1 Pedro 1:6, 7).

¡Así es como crece la fe! Y antes hemos leído cómo crecen la paciencia, la constancia, la resistencia, cuando nuestras vidas están llenas de dificultades, de tentaciones y de problemas.

He oído decir a algunas personas: "Si éste es el único medio de tener más paciencia, más fe, creo que tendría bastante con un poco menos."

¿Cree usted que éste es el medio? Entonces es que no confía realmente en Dios, y que en su interior tiene dudas acerca de su plan y de su amor para con usted.

Cuando Dios mostró a su profeta Jeremías que tendría que ir con los judíos a la cautividad de Babilonia durante algún tiempo, también le dijo: "Yo sé los pensamientos que tengo acerca de vosotros, pensamientos de paz, y no de mal, para daros el fin que esperáis" (Jeremías 29:11).

Los años de sufrimiento en Babilonia fueron parte del plan de Dios para Jeremías y para los judíos. Era un plan bueno, el mejor plan, destinado a darles un futuro y una esperanza.

El plan de Dios para usted, lector amigo, como el plan divino para mí, son buenos planes. ¿Puede usted confiar para ello en la Palabra de Dios?

¿Por qué no puede crecer nuestra fe en circunstancias agradables y fáciles? Puede crecer si llegamos a confiar y a descansar más y más en las promesas de Dios. Pero la purificación y el testimonio de nuestra fe, tienen que venir mediante circunstancias que son un reto a nuestra decisión de creer, confiar, descansar, en la Palabra de Dios, *a pesar* de lo que nos digan nuestros sentidos. Durante mucho tiempo hemos estado confiando en nuestros sentidos, en nuestras emociones y en nuestra inteligencia, para dictar nuestras opiniones. Tenemos que romper con estas costumbres para crecer en fe. Recordemos que la fe significa una determinación deliberada para creer en algo cuya evidencia no podemos ver ni sentir.

De modo que si Dios dice que está haciendo todas las cosas para nuestro bien, y vemos que todo va mal, nuestra fe crece cuando permanecemos firmes en la palabra de Dios y le damos las gracias por todas las cosas que nos suceden.

¿Cómo cree usted que creció la fe de Abraham? ¿Tendría usted la fe suficiente para subir a una montaña con su único hijo, dispuesto a sacrificarle en el altar que Dios le ordenase, creyendo aún que Dios iba a bendecir y a multiplicar sus descendientes por medio de ese hijo? De haber sido usted amigo de Abraham, ¿podría haber estado observando su loca aventura de fe, y alabado a Dios, creyendo que aunque Abraham estuviese en error, Dios habría de desarrollar todo para bien?

Sólo Dios puede moldearnos, cambiarnos totalmente. Lo que a nosotros nos corresponde hacer es seguir el consejo del apóstol San Pablo a los Romanos, y someternos por completo a Dios, confiando en que ha tomado posesión de nosotros y, después, aceptar gozosamente con acción de gracias, y alabarle, en todas las circunstancias que emplee para llevar a cabo su transformación en nuestras vidas.

Hay una historia clásica del ministro del evangelio que rogaba a Dios le concediese más paciencia. Al día siguiente, se enteró de que su secretaria, que era muy eficaz, y a quien tenía como tal desde hacía mucho tiempo, se hallaba enferma. Hubo quien se ofreció para sustituirla, pero era la empleada más lenta que jamás hubiese conocido dicho ministro. Durante un buen rato se encolerizó en secreto hasta que, al fin, se dio cuenta de que su nueva secretaria era una respuesta a su oración. ¿Cómo podría ejercitarse mejor en la paciencia? Empezó a dar las gracias a Dios y a alabarle por concederle esa nueva secretaria, la cual mejoró notablemente su trabajo.

La fe y la paciencia son características esenciales en la vida y en el testimonio de un cristiano; sin embargo, hay otra cualidad que necesitamos tener, y que hemos olvidado, en relación con las buenas nuevas.

"Seguid el amor" escribió Pablo (1 Corintios 14:1).

"En esto conocerán todos que sois mis discípulos —dijo Jesús— si tuviereis amor los unos con los otros" (Juan 13:35).

Así ha dicho Jesucristo: "Este es mi mandamiento: Que os améis unos a otros, como yo os he amado... para que mi gozo esté en vosotros" (Juan 15:12, 11).

¡Amor!, ¡amor!, ¡amor!... Como cristianos hablamos mucho de amor. *Dios es amor. Jesús les ama. Yo les amo.* Pero siempre nos quedamos miserablemente cortos en amarnos verdaderamente los unos a los otros.

Jesús ha dicho: "Este es mi mandamiento: Que os améis unos a otros, como yo os he amado" (Juan 15:12).

Amor significa mucho más que cualquiera otra cosa en el mundo. Hemos sido creados para amar y para amarnos los unos a los otros. Si no amamos, acontecen en nosotros cosas terribles. Nos volvemos resentidos, sospechamos los unos de los otros, nos llenamos de odio.

Las heridas de nuestras emociones, nuestros temores, nuestras frustraciones, nuestra defensa mecánica, nuestros medios destructivos, todo esto ha venido por falta de amor.

Los educadores, los psicólogos, los sociólogos, todos los expertos nos dicen la diferencia que produce el amor en el desarrollo del ser humano.

Un amor que acepta, que aprueba, que confía en los demás, es paciente, amable, nunca es egoísta, ni envidioso, jamás es orgulloso ni busca su propio interés o su propia recompensa, no es susceptible ni se irrita, no alberga rencor. Un amor que es leal, que confía en lo mejor, que espera lo mejor, nunca se alegra cuando otro sufre algún mal, pero está siempre alegre cuando triunfa la verdad. Un amor así soporta sin desmayo todas las circunstancias.

Esta es la clase de amor que Dios tiene para nosotros, y la clase de amor que quiere que tengamos los unos con los otros. Esta es la clase de amor que sana las heridas de antiguas llagas, echa fuera antiguos temores, hace desaparecer resentimientos y rencores. Esta es la clase de amor que nos hace íntegros y aptos para amar, aunque seamos despreciados o resultemos perjudicados.

Este amor es el que los griegos denominaban *ágape,* una devoción espiritual, deliberada, intencionada, y razonada. Este es el amor que es un fruto del Espíritu Santo, y cuando se halla por completo desarrollado, es la luz que lleva a otros a su fuente: El amor de Dios para con nosotros en Cristo Jesús.

Cada uno de los dones y de las manifestaciones del Espíritu Santo demuestran el amor de Dios para nuestras necesidades. Dios sana porque ama. El realiza milagros porque ama. *Dios es amor,* y su poder en nosotros, y por nosotros, es amor. Un amor personal, intenso, sobrenatural. Para cada uno, individualmente, en su Creación.

Su mensaje es un mensaje de amor para el mundo, y Dios desea que nosotros seamos sus mensajeros, los canales o cauces para su amor. Con el fin de llevar a cabo esto, su plan es hacer que nosotros también amemos.

Pero si el amor sólo lo podemos recibir de Dios, si es un fruto del Espíritu Santo, ¿cómo puede exigirnos Jesús que amemos? ¿No debemos esperar hasta que Dios nos haga más amorosos? Otra vez nos enfrentamos con una promesa en la Palabra de Dios, que debemos aceptar por fe.

El amor es un fruto del Espíritu, y la Palabra de Dios nos dice que el Espíritu Santo mora en nosotros. Entonces, podemos esperar que el amor se halle presente en nuestras vidas. Nos ha sido dada la posibilidad de amar, pero debemos andar en fe y elegir el practicar esa posibilidad.

Recordemos que *ágape* es un amor deliberado e intencional. Somos llamados a amarnos los unos a los otros, aun cuando *no sintamos* amor.

Si andamos en fe, teniendo la elección de actuar conforme a la Palabra de Dios, ¿qué ocurre? Sabemos que nuestro andar en fe provoca el poder sobrenatural del amor de Dios, y este poder empieza a transformarnos, haciéndonos más llenos de amor, mientras que el poder fluye también a través de nosotros en favor de la persona que *queramos* amar deliberadamente.

Pero, en la práctica, ¿cómo obra realmente el amor?

Yo he rogado a Dios que me haga más lleno de amor, y he llegado a pensar de mí mismo, que no soy una persona sin amor. Realmente cuando viajaba y atendía a miles de personas, que parecían estar siendo bendecidas, yo me alegraba de poder sentir más amor para otros en todo momento.

Entonces, un día tuve que enfrentarme con una persona tan repulsiva y miserable que me horroricé al verla, y me di cuenta de que no sentía amor hacia dicha criatura, que lo único que deseaba es que desapareciese de mi vista lo antes posible.

Se trataba de una joven que había sido traída

a mi despacho con un soldado que era su novio. En su rostro se veía una especie de costra de su antiguo maquillaje, aparecía sucia, su cabello colgada como alambre y su ropa estaba mugrienta y haraposa. Sus piernas tenían cicatrices, se hallaban llenas de barro, y el olor de su cuerpo llenaba la habitación. La expresión de su cara era adusta, llena de odio, y sus ojos estaban hinchados de tanto llorar.

Esta pobre joven había llegado hasta Fort Benning para decirle al soldado que estaba esperando un niño. El soldado reconoció que era responsable por la condición en que la joven se encontraba, pero, claramente, rehusó casarse con ella. La joven se puso furiosa y amenazó con matarle y con matarse después a sí misma. Ya había tenido otro niño, sin haber estado casada, y esta vez estaba decidida a casarse o a morir.

Yo la miré, y pensé que jamás había visto una persona tan poco amable, tan desesperada, tan amilanada, tan solitaria. Sin embargo, el solo hecho de orar por ella me horrorizaba. No quería ni aun acercarme a ella.

—Señor —grité interiormente— ¿por qué la has traído a mí?

—Ella es uno de mis hijos —oí que se me respondía— está perdida y necesitada de mi amor y de mi sanidad. Te la he traído para que la ames y para que le hables de mi amor.

—¡Oh, Señor! —clamé nuevamente en mi interior— perdóname, y te doy las gracias por mostrarme cuán superficial y egoísta es mi amor. Toma mi corazón falto de amor y llénalo con tu amor para ella.

La joven estaba sollozando y sus ojos tenían

un mirar opaco, tras los párpados hinchados, tiznados con el rímmel. —Por favor —me dijo— haga usted algo.

—¿Cree en Dios? —le pregunté.

Ella inclinó su cabeza, y respondió: —Sí.

—¿Cree que puede ayudarle ahora mismo?

Vaciló unos instantes, y, luego, dijo despacio: —Sé que Dios me puede ayudar, pero no creo que quiera. Yo fui creyente, pero míreme ahora. Aunque Dios deseara ayudarme, ¿qué podría hacer para sacarme de este lío?

—Dios puede ayudarle, y desea ayudarle —dije con una seguridad que no había sentido hasta entonces.

Ella movió la cabeza y sus hombros se hundieron desesperadamente.

—Procure comprender que Dios la ama —exclamé, y continué diciendo: —El quiere darle gozo y paz, y remediar todas sus necesidades antes de que abandone hoy este despacho.

La joven se quedó mirándome con la boca abierta, y el soldado parecía pensar que yo iba a tratar de obligarle a que se casara con la muchacha.

—Dios la trajo hoy hasta aquí —proseguí— y ha permitido toda esta preocupación en su vida, a fin de que pueda comprender cuánto la ama. El tiene un plan maravilloso para su vida, y si empieza a confiar en Dios, y a darle gracias por todas las cosas que le han ocurrido, se dará cuenta de que quiere ayudarla ahora mismo.

—¿Darle gracias por esto? —sus ojos se inflamaron de nuevo con una repentina ira, y añadió: —Lo único que deseo es casarme con este hombre, para que mi hijo tenga un nombre.

—Mire aquí —le dije, indicándole un versículo subrayado en mi Biblia (1 Tesalonicenses 5:18): "Dad gracias en todo, porque ésta es la voluntad de Dios para con vosotros en Cristo Jesús", y luego le mostré Romanos 8:28: "Sabemos que a los que aman a Dios, todas las cosas les ayudan a bien."

Sus ojos, en blanco, miraban de forma extraña, y, de repente, llegué a pensar cuán inútil era hablar a esa criatura tan herida, acerca del amor de Dios, como de cualquier amor. Ella no conocía el significado de la palabra. Sólo Dios podía iluminar el entendimiento de su mente.

—¿Quiere que ore por usted? —le pregunté.

Tartamudeó un poco al responderme: —Ciertamente, ¿por qué no?

Puse mis manos sobre su cabeza, y, al mirar hacia abajo, vi cuán sucia estaba y cuánto precisaba un buen lavado.

El olor de repugnancia me hizo estremecer.

"¡Oh, Señor!", pensé, "cuán infinito es tu amor por nosotros, mucho más grande que el insignificante que pueda haber en nosotros. ¡Oh, Señor!, que esta joven pueda ser conmovida por tu amor ahora mismo, y, a mí, enséñame a amarla."

Entonces, puse mis manos firmemente sobre su cabeza y empecé a orar así en voz alta: "Oh Dios, yo sé que es tu voluntad que te alabemos por todas las cosas, pues nada ocurre en este mundo sin tu voluntad y sin tu permiso. Esta querida joven ha sido herida. Está enferma, confundida, desamparada, y sin el amor del hombre, pero yo sé que tú la amas. Gracias por todo lo que le ha sucedido en su vida hasta este día. Ayúdala, Señor. Creo que ya la estás ayudando para que vea tu amor, y para que te alabe ahora mismo."

Sentí como la muchacha comenzaba a temblar bajo mis manos. Dios la estaba bendiciendo con su amor.

—¿Puede darle gracias a Dios por todo?

—Oh, sí —exclamó ella—. Te doy gracias, oh Dios, verdaderamente te doy gracias por todas las cosas.

Yo continué orando de este modo: "Oh Dios, creo que estás sanando este espíritu destrozado, que pondrás una nueva vida en ella, que le darás gozo en lugar de tristeza, victoria en lugar de derrota."

Cuando yo terminé de orar, y la miré, vi su rostro inundado de lágrimas.

—¿Qué ha ocurrido? —exclamó la joven—. ¡Me siento tan diferente! Ya no estoy agitada; por el contrario, siento una calma muy grande dentro de mí. Nunca antes me había sentido así. Me siento feliz, sí, realmente soy feliz.

Sus ojos estaban por completo abiertos. ¿Qué había sucedido?

—Dios lo ha hecho, porque hemos creído en él y le hemos alabado —contesté, de repente, dándome cuenta igualmente de que algo maravilloso había sucedido dentro de mí. Miré a la joven y, en verdad, parecía una persona distinta. Quería poner mis brazos alrededor de ella. ¡Parecía tan bonita, tan limpia, tan santa!

"Te doy gracias, Señor", dije, y sentí cómo mi espíritu se elevaba. "Ahora *amo* a esta joven. Gracias, Señor, por haberme cambiado."

Por mí mismo nunca hubiera podido cambiar mi actitud hacia esa joven, amándola. Dios efectuó el cambio. Y a mí me correspondía reconocer y confesar mi falta de amor, y, luego, someterme en fe al poder transformador de Dios para estar en disposición de amar.

Cuanto más tratemos de cambiarnos nosotros mismos, más frustrados nos veremos, y más culpables nos sentiremos a causa de nuestras propias limitaciones.

Dios pone ciertas personas en nuestra vida para demostrarnos cuán incapaces somos de amar a otros por nuestros propios esfuerzos. El no lo hace para que nos sintamos malos; lo hace para darnos una oportunidad de experimentar su amor transformador en nuestras vidas, y en las vidas de las personas que nos ha llamado a amar.

Estimados lectores: ¿Han dado gracias a Dios por las personas que ha puesto en sus vidas, y las cuales son difíciles de amar? ¿Tienen un vecino difícil de tratar? Den gracias, porque Dios les ama y desea que el amor de ustedes sea perfecto, concediéndoles la posibilidad de amarle. Dios también le ama y desea que ustedes sean un canal de su amor hacia ese vecino difícil.

Yo creo que las más maravillosas oportunidades para amar, y las más desafiantes, se presentan en nuestros hogares, allí donde vivimos. ¿Tienen su esposo o su esposa ciertas cualidades que les incomodan? ¿Se les hace difícil convivir con padres o parientes? ¿Son rebeldes sus hijos?

Amense unos a otros, dijo Jesús. Sopórtense unos a otros. Den gracias los unos a los otros.

No es fácil dar gracias por un marido alcohólico, o por un hijo rebelde o indiferente. No es fácil amar a quien dice que no necesita ni quiere nuestro amor. No es fácil admitir ese destello en nuestros ojos, la propia justificación, la compasión, el papel que hemos hecho como mártires, habiendo sufrido mucho. ¿Podemos dar gracias a Dios por poner tales personas en nuestra vida para mostrarnos ese destello ante nuestros ojos?

¿Podemos dar gracias a Dios por esas personas, tales como son, y, especialmente, por las cosas que nos hacen difícil amarlas? ¿Podemos confesar nuestra ineptitud para amarlas a causa de sus irritantes costumbres? ¿Podemos decir a Dios que deseamos amarlas y someternos a él para que nos cambie, a fin de poder amar entonces perfectamente, de acuerdo con la voluntad de Dios y con su plan para nosotros?

Entonces, podemos esperar confiadamente que Dios obre un milagro en nosotros. Nos hace felices al instante, *sentimos* una maravillosa chispa de amor y, por supuesto, nos regocijamos y alabamos a Dios por ello. Pero, esperen, y no dependan de sus sentimientos. Esta primera chispa puede desvanecerse y podremos sentarnos esperando una segunda sin hacer nada entre tanto.

Amar deliberada e intencionadamente como Cristo nos ama, requiere siempre el apoyo de nuestra voluntad. Si *sentimos,* o no, algún amor al empezar, no debe cambiar el hecho de que *tenemos* que amar. Dios nos mostrará el modo práctico y específico para comunicar a esa persona el amor que ha puesto en nuestra vida, y pronto experimentaremos y sentiremos un amor más profundo del que hayamos sentido hasta entonces. Nuestro amor será estable y consecuente, pues fluye de una fuente más allá de nuestros limitados recursos. Es el amor de Dios llenándonos hasta la superabundancia, derramándose sobre otros por medio de nosotros. Esto es lo que significa estar enraizados en el amor de Dios, y en ese suelo fértil, nuestra propia capacidad de amar crecerá más y más.

Así es como el Espíritu Santo lleva fruto en nuestras vidas.

Una mujer cristiana estaba casada con un alcohólico de muchos años, hasta que, finalmente, él tuvo algunas cosas con la justicia y acabó en una cárcel. La mujer se esforzó en educar a sus hijos con la insuficiente ayuda que recibía del Estado. Fielmente los llevaba a la iglesia y se gozaba de la simpatía y del respeto de su congregación.

"Pobre Edna", decían sus amigos. "Está educando sola a sus hijos, no falta ningún domingo a la iglesia, y nunca tiene una palabra de queja. En cambio, su marido, que no servía para nada, nunca pudo conservar un trabajo, pues estaba borracho la mayor parte del tiempo, para desgracia y vergüenza de su familia."

Al continuar su marido en la cárcel, Edna encontró justificado pedir el divorcio, pues pensó que, de ese modo, podría educar a sus hijos en un mejor ambiente.

Un día, una amiga le llevó un ejemplar de *El poder de la alabanza*.

Parecía imposible poder dar gracias a Dios por todos aquellos años de miseria y sufrimiento, pero ella leyó cómo la alabanza había cambiado la vida de otras personas, y decidió intentarlo.

"Gracias, Señor, por el marido que tengo y

por su afición a la bebida", oraba. "Gracias por los años de pobreza, temor y soledad."

Poco tiempo después supo que su marido había salido de la cárcel, y que había vuelto a su antigua costumbre de beber. Ella siguió dando gracias a Dios por las circunstancias por las que atravesaba.

Lentamente, empezó a darse cuenta de que algo había en su vida, y que ella no había visto hasta entonces. Al continuar dando gracias a Dios por su ex-marido, y pidiendo a Dios que le ayudara a quererle y a aceptarle, tal y como era, un día reconoció que ella era culpable de algo más grave que la bebida.

Ella había estado, hasta entonces, considerando la mota que estaba en el ojo de su esposo, e ignoraba totalmente la viga que estaba en su propio ojo. Le juzgaba por su afición a la bebida, sintiéndose ella justa, y considerando a su marido peor de lo que era.

Por otro lado, ella vivía más hundida cada día, compadeciéndose a sí misma, deprimida y como una mártir.

"¡Oh Señor!", exclamó un día, "veo que mi pecado ha sido mucho más grave que el de mi marido. Tú nos has dado el mandamiento de amarnos unos a otros y de regocijarnos en nuestras pruebas, y yo ni amaba ni tenía gozo. Perdón, Señor, y te doy gracias de haber puesto a mi marido en mi camino para que pudiera verme a mí misma. Ahora te pido que nos reúnas de nuevo. Sana la herida que él ha sufrido, y llénale de tu amor.".

Desde aquel día le fue fácil tener gozo aun en medio de sus circunstancias, pues sabía que

Dios les había unido como parte de su plan para llenar su vida de amor y de gozo. Y según continuaba alabándole, todos los antiguos sentimientos de conmiseración y de depresión fueron alejándose. Cada día tenía una experiencia, nueva y gozosa, y estaba consciente de la presencia de Jesucristo, de una forma nueva.

Entre tanto, su ex-marido entró en una iglesia, aceptó a Cristo como su Salvador, y fue librado totalmente del alcoholismo que le había tenido esclavizado durante quince años. Los dos volvieron a casarse, y el marido entró en un Instituto Bíblico para empezar una nueva vida de servicio a Dios.

Unas relaciones difíciles o una serie de circunstancias penosas pueden ser un medio amoroso de Dios para darnos la oportunidad de crecer, para ejercitar nuestros músculos espirituales o para darnos a conocer alguna debilidad particular, o un error en nosotros.

Cualquiera que sea la razón, tenemos un motivo para regocijarnos. Cualquiera debilidad, aunque está bien oculta, es como una hendidura en el fundamento de un edificio.

"Por tanto, os será este pecado como grieta que amenaza ruina, extendiéndose en una pared elevada, cuya caída viene súbita y repentinamente" (Isaías 30:13).

Más tarde o más temprano, la grieta en el fundamento, causará el derrumbamiento de todo el edificio. Cuando nos damos cuenta de la hendidura, podemos hacer algo para remediar tal estado de cosas. Podemos confesar todos los pecados y todas las debilidades conocidas teniendo la seguridad de que una vez que los confesemos, son también perdonados, y que el amor de Dios cubre y sana las señales y los recuerdos. Pero, ¿qué hay de las hendiduras escondidas, de los pecados ocultos que salen a la superficie sólo como un vago sentido de desasosiego, de inseguridad, de confusión, de resentimiento, o con cualquier otro nombre de tales síntomas que todos conocemos por experiencia?

La iniquidad particular a que Isaías se refería en el texto antes citado, era la repetida repulsa del pueblo de Israel a obrar según la Palabra de Dios. En lugar de hacerlo así, buscaba el consejo de sus propios profetas y de sus consejeros humanos, prefiriendo confiar en sí mismos en vez de poner su confianza en Dios.

La confianza y la seguridad en sí mismos son siempre serias hendiduras en nuestro fundamento. Si Dios nos coloca en circunstancias que revelan un área de vida en la que hemos estado confiando en nosotros mismos, ¿no deberíamos dar gracias por nuestro desasosiego y regocijarnos en la fuerza y en el poder que Dios puede darnos?

Un joven que estaba en el ejército, en Fort Benning, Georgia, se encontró en circunstancias que no podía vencer.

"Necesito ayuda o voy a perder la cabeza", se dijo.

El había tenido siempre la seguridad de que podía enfrentarse con éxito con cualquiera circunstancia en su vida. Su seguridad en sí mismo rayaba en el engreimiento. Pero desde que llegó a la Escuela de Oficiales, se encontraba incapaz de actuar como antes, y su propia imagen, y su visión de la vida, se habían oscurecido.

El riguroso ejercicio a que son sometidos los candidatos a oficiales está previsto no sólo para enseñar sus deberes a los jóvenes, como oficiales del ejército, sino también para que se manifieste cualquiera debilidad del candidato que pudiera poner en peligro las vidas de sus hombres en el combate. Se pone deliberadamente un cierto esfuerzo sobre los candidatos para probar de qué "material" están hechos; si algunos han de derrumbarse bajo la presión, es mejor descubrirlo a tiempo, antes de ponerles a cargo de tropas.

Los instructores habían visto que este candidato estaba inseguro de sí mismo bajo la máscara de auto-suficiencia que llevaba. Se le había impuesto la presión. Desde por la mañana temprano hasta muy tarde, en la noche, se hallaba bajo vigilancia. Cualquier movimiento que hacía era criticado.

"¿No puede moverse más de prisa, candidato?"

"¿Es usted tan tonto como para no poder seguir las instrucciones?"

"¿Siempre come usted como los cerdos?"

"¿Qué le pasa, no tiene firmeza?"

"¿Necesita que le ayude su madre?"

"Corra otra vez alrededor del edificio, candidato. De esa forma, puede ser que aprenda usted a levantar los pies."

La confianza que, hasta entonces, había sentido en sí mismo, fue disminuyendo rápidamente. Humillado y desamparado, no sabía qué decir, y estaba dispuesto a abandonar el ejército e incluso el país, de ser necesario, para marchar lejos de sus perseguidores.

Cuando hablamos, me dijo que realmente nunca había creído en Dios, y que la Biblia jamás le había hecho mucha impresión. Pero si hubiese un Dios que quisiera ayudarle, él quería creer.

Yo le indiqué lo que la Biblia tenía que decirle en sus circunstancias, es decir, que Dios tenía un plan perfecto para su vida, que la prueba por la que estaba pasando era parte de ese plan, y que Dios le libertaría de toda su tensión con sólo que él le entregase las riendas de su vida y le diera gracias por todas las cosas.

El candidato me miró indeciso; su cara y sus ojos mostraban cansancio, y eran indicio de que no había dormido lo suficiente.

—Nunca, hasta ahora, he estado en una situación como ésta —y al decir esto meneó la cabeza—. Estoy al fin de mis fuerzas, y, ahora, ¿usted me dice que Dios me ha puesto en este trance?

—Digamos más bien —le respondí— que Dios permite que esto ocurra. Estoy seguro que habría preferido que usted se hubiese vuelto hacia él, y aceptado sus disposiciones para su vida sin haber tenido que pasar por todos estos sufrimientos. Pero como usted insiste en querer dirigir su vida, sin ayudas, Dios ha elegido el más directo y el más amoroso camino para enseñarle que usted le necesita.

Tomé mi Biblia y leí en 2 Corintios 1:8, 9: "Hermanos, no queremos que ignoréis acerca de nuestra tribulación que nos sobrevino en Asia; pues fuimos abrumados sobremanera más allá de nuestras fuerzas, de tal modo que aún perdimos la esperanza de conservar la vida. Pero tuvimos en nosotros mismos sentencia de muerte, para que no confiásemos en nosotros mismos, sino en Dios, que resucita a los muertos."

El candidato me miró pensativo y estuvo de acuerdo en que orase por él, aunque no estaba seguro del todo de que eso le hiciese algún bien.

Coloqué las manos sobre su cabeza y empecé a alabar a Dios por tal situación, pidiéndole que diera al joven candidato un nuevo entendimiento de su amor y de su interés por cada detalle de la vida del joven. Mientras yo oraba, comenzó a temblar y después las lágrimas corrían por sus mejillas. Y, pasados unos instantes, comenzó a reírse a carcajadas.

—¡Alabado sea Dios! —exclamó—. Gracias, Señor, veo tu cuidado, y creo que me amas.

Se volvió hacia mí, y su rostro aparecía radiante.

—Realmente, Dios me ha traído a la escuela de candidatos a oficiales, ¿no es así? —dijo—. El sabía que aquí hallaría la respuesta. Me siento como una persona nueva.

Y, desde luego, lo era. Aceptó a Cristo como su Salvador y marchó para completar su curso, con excelentes resultados.

El punto crucial en su vida había revelado una seria hendidura en su fundamento. Cuando pudo reconocerlo, y dar gracias a Dios porque la mano divina le había llevado a esa circunstancia, fue sanada la hendidura.

Las circunstancias que destrozan los muros de nuestra auto-suficiencia son las bendiciones de Dios disfrazadas. Podemos verdaderamente dar gracias a Dios por ello y alabarle por cada golpe que remueve más el engaño que la habilidad que tenemos en llevar nuestra propia situación. Cuanto más le alabemos, tanto más fácil será la transición. Crecerá nuestro gozo, y el dolor apenas se notará. Descubriremos también que cuantas más pruebas nos deparen las circunstancias, tanto más experimentaremos la verdadera fuerza y el poder de Cristo, morando y creciendo en nosotros.

Cada reto, cada prueba, cada oportunidad para crecer, nos hace mejor dispuestos para ser canales del amor y del poder de Dios.

Una joven se enfrentaba con una serie de tragedias. Su madre, y dos de sus hermanos, habían fallecido. Su padre, que se había casado nuevamente, se divorció, y se volvió a casar. La joven faltaba a menudo a la escuela en que trabajaba, y bebía mucho. Entonces, oyó acerca de Jesús y le aceptó como Salvador. Durante algún tiempo estaba llena de gozo y, al referir su historia, otras personas llegaron al conocimiento de Jesucristo. Su vida se mostraba más suave, y ella creyó que habían pasado los malos tiempos.

Pero las preocupaciones volvieron a acumularse. Tuvo dos accidentes de automóvil, siendo lesionada en los dos. Después, le creció un tumor en el cuello, debiendo sufrir una dolorosa operación. Un día, al beber un refresco, se puso muy enferma, pues el refresco que bebió había sido mezclado con drogas. Yendo un día hacia el colegio. fue sorprendida por un atracador que esgrimía una navaja; otro día, un hombre la atacó con un arma de fuego. Otra vez, una noche entraron ladrones en su casa, y uno de ellos la violó. Finalmente, perdió su trabajo, pues su jefe llegó a creer que algo malo estaría haciendo para que le viniesen tantos disgustos.

A pesar de todo, la joven luchaba para mantener su fe. El peso más duro que tenía que soportar era la desconfianza y la suspicacïa de los miembros de su iglesia.

Entonces, alguien le entregó un ejemplar de *El poder de la alabanza*. Ella lo leyó y recibió nueva esperanza. Quizá Dios tenía una razón al permitir que ella tuviese la preocupación que tenía. Empezó dando gracias a Dios por cada calamidad que le había sobrevenido en su vida, y, al hacerlo, el gozo reemplazó al temor.

"Ahora me doy cuenta de que Dios es todo lo que tengo", me dijo. "Otras personas pueden tener seguridad, yo únicamente tengo a Dios y todas las cosas que me han sucedido me han hecho ver esto más claramente."

Esta joven se halla ahora empeñada, con un poder nuevo y radiante, en dar testimonio de su Salvador. Tiene una comprensión profunda y una compasión para cuantos sufren como ella tuvo que sufrir. Ha aprendido a confiar que todas las circunstancias de su vida están controladas por la mano amorosa de Dios, y puede contemplar cada nueva prueba, y decir: "Yo sé que Dios lo permite, y que será para mi bien."

Otra mujer joven perdió repentinamente a su esposo. No habían tenido hijos y se encontraba terriblemente sola. Cuando iba a buscar ayuda y simpatía en su familia, nadie le hablaba, tratándola como si no existiera.

Ella no podía comprender esa actitud de rechazo de su familia, ya que antes jamás había sido tratada de ese modo, y la angustia de estar sola y despreciada era más de lo que podía soportar.

Su cuerpo se hallaba dolorido, no podía dormir, y, comenzó a perder peso rápidamente.

Día y noche ella gritaba en su casa, hasta que comenzó a perder la noción del tiempo, dándose cuenta de que su mente estaba adormecida.

En su desesperación clamó a Dios. "¡Dios!, ¿estás aquí? ¿Te cuidas de mí?" Pero no halló respuesta ni encontró alivio.

Un día vio el libro *El secreto del poder espiritual* en una librería. Leyó en la cubierta que el autor era un capellán del ejército, y puso de nuevo el libro en la estantería. Su marido había muerto en el ejército, y ella temía refrescar recuerdos. Volvió a su casa con las manos vacías, pero el título del libro quedó grabado todo el día en su mente. Y, en su pensamiento, una y otra vez parecía oír: Léalo, léalo.

Nunca había sentido tanta urgencia por leer algo y, confundida, por el sentido de la urgencia, volvió a la librería y adquirió un ejemplar.

Una vez en su casa, comenzó a leer, y pronto las lágrimas empezaron a correr por sus mejillas. A ratos, lloraba tanto que no podía leer y, en cierto momento, se dio cuenta de que había caído de rodillas, y de que seguía leyendo.

Estaba segura de que Dios le estaba hablando directamente por medio del libro, aunque el mensaje de éste fuese tremendo. ¿Le decía el libro que debía dar gracais a Dios por haber muerto su esposo? ¿Cómo podía ser Dios tan cruel? Todo en ella parecía rebelarse en contra de esta idea. Sin embargo, como quiera que seguía leyendo, sus sollozos fueron haciéndose más tranquilos y una nueva paz se apoderó de su corazón. Poco a poco, sus pensamientos empezaron a tomar una nueva dirección.

"Dios ha estado en todas las cosas para ayudarme", pensaba. El sabía que de vivir mi esposo y continuar juntos, nunca me hubiera acordado de él. Si mis familiares me hubieran animado con su amor y simpatía, me habría asido a ellos. Ahora estoy completamente sola y a quien únicamente puedo dirigirme es a Dios. ¡Oh, Señor, siento tu presencia! Tú estás conmigo y yo te alabo y te doy gracias por todas las cosas que me han acercado a ti.

La paz que sentía en su corazón era más grande que cualquiera cosa que, hasta entonces, hubiese conocido. Durante los días siguientes, su vida radiaba de gozo, tanto que sus amigos y sus vecinos se mostraban extrañados, pues habían estado observándola con interés creciente, mientras ella estaba deshecha de dolor.

Pronto fue a verla su hermano, y llorando, le hizo una confesión, diciendo: —¿Puedes perdonarme? Ha habido un terrible malentendido. Alguien nos dijo que habías dicho a tus vecinos que no habíamos querido ayudarte cuando estaba muriéndose tu esposo. Fuimos lo suficientemente necios para creerlo, y aunque nos extrañó, nos hirió tanto que no queríamos verte ni hablarte.

El hermano se sentía verdaderamente avergonzado. —Hoy oímos que la gente hablaba de otra viuda. ¡Y pensar que te dejamos sola cuando más nos necesitabas!

—No te atormentes —contestó amablemente la joven viuda—. Tengo que agradecerles que cometiesen ese error.

—¿Qué es lo que piensas, hermana? —(El hermano no estaba seguro de haber oído bien)—. Yo te dejé abandonada cuando precisamente me necesitabas, ¿y quieres dar gracias a Dios por ello?

—Así es —dijo ella riendo—. Si no me hubiesen vuelto la espalda, no habría descubierto cuánto me ama Dios.

No debe interpretarse esta historia como una excusa para escuchar habladurías o para abandonar a las personas que necesitan nuestro amor. Pero Dios quiere que comprendamos que cuando le confiamos nuestras vidas, podemos tener la seguridad de que nadie puede tratarnos mal si Dios no lo permite para nuestro bien. Podemos darle gracias por cada palabra hiriente, desagradable o despreciable que caiga sobre nosotros.

Dios nos bendecirá en todo ello, si soportamos los sufrimientos injustos por un sentido de responsabilidad delante de él. Porque si hacemos algo malo y por eso nos castiga, ¿qué mérito tiene que soportemos el castigo? Pero si sufrimos por haber hecho algo bueno, y lo soportamos con paciencia, esto es algo bueno delante de Dios (1 Pedro 2:19,20).

Un rosal debe ser podado para llevar rosas perfectas. Jesús dijo: "Yo soy la vid verdadera, y mi Padre es el labrador" (Juan 15:1-3).

Estos son los mandamientos que Jesús dio:

"Amarás al Señor tu Dios con todo tu corazón, y con toda tu alma, y con toda tu mente. Este es el primero y grande mandamiento. Y el segundo es semejante: Amarás a tu prójimo como a ti mismo" (Mateo 22:37-39).

El amor del que habló Jesús es un amor deliberado que reclama toda nuestra voluntad para amar; es un amor ejercitado por fe. Jesús describió la naturaleza de este amor, al decirnos: "Este es mi mandamiento: Que os améis unos a otros, como yo os he amado" (Juan 15:12).

Todo lo que en nosotros nos impide obedecer este mandamiento debe ser podado, de otro modo no hacemos más que demorar o impedir dicha obediencia. Estamos demorando u obstaculizando la obra divina en nosotros, si nos quejamos por las circunstancias dolorosas de la poda. Estas cosas no nos vienen accidentalmente ni por un giro cruel del destino, sino porque nuestro amoroso Padre, es nuestro amoroso Jardinero. Podemos, pues, regocijarnos y darle las gracias, que Dios saben lo que mejor nos conviene.

Un oficial cristiano, candidato en Fort Benning, se enteró de que su esposa había sido llevada a un Hospital Psiquiátrico después de sufrir una grave depresión. Los médicos pronunciaron un desalentador diagnóstico y dijeron que ella debería permanecer en el Hospital por tiempo indefinido.

Cuando el esposo fue a mi despacho, al principio no podía ni hablar. Observé su figura alta, y le vi sollozar agitado mientras las lágrimas corrían por sus mejillas, como señal de su aflicción.

—¿Por qué, por qué ha ocurrido esto? —y al decirlo, luchaba por pronunciar las palabras—. Mi esposa y yo hemos tratado de llevar una vida cristiana. ¿Por qué nos desampara Dios ahora?

—Dios no le ha desamparado a usted —le dije—. El tiene un propósito al permitir que su esposa esté en el Hospital. ¿Por qué no nos arrodillamos y le damos las gracias por ello?

El marido me miró sorprendido. —Señor —me dijo— yo soy luterano, y jamás he leído algo semejante en mi Biblia.

—¿Y qué dice usted de este versículo?, —le pregunté, al tiempo que le mostraba Efesios 5:20: "Dando siempre gracias por todo al Dios y Padre, en el nombre de nuestro Señor Jesucristo."

El esposo movió la cabeza. —Conozco ese versículo —respondió— pero siempre he pensado que significaba que debíamos dar gracias a Dios por las cosas buenas. Darle gracias por las cosas malas no me parece, precisamente, muy bíblico. Siempre he pensado que San Pablo era un poco exagerado al escribir que teníamos que gozarnos en las calamidades.

—Lo mismo había pensado yo —le contesté—. Pero, después, me convencí de que San Pablo tenía razón. Cuando él habla de que debemos gozarnos en las calamidades, es obvio que no piensa que tengamos que encontrar en el sufrimiento en sí un motivo de alegría. Pero Pablo llegó a ese convencimiento al contemplar su sufrimiento desde una perspectiva diferente. Aprendió que sus penas servían a un propósito más elevado, y que eran parte del plan amoroso de Dios para él.

El esposo me miró pensativo. —No lo sé —dijo lentamente—. No me parece que tenga mucho sentido.

—Pablo aprendió también la lección por un camino difícil —continué diciéndole—. Recuerde el aguijón en su carne.

El hombre movió la cabeza.

—Tres veces pidió Pablo a Dios que le fuera

quitado. Obviamente no estaba regocijándose en aquel momento en su dolor. Y tres veces le contestó el Señor: "¡No! Pero yo estoy contigo, y eso es todo lo que necesitas. Mi poder se manifiesta mejor en una persona débil." De manera que Pablo comprendió que era mejor que fuese débil para que en él se demostrase el poder de Cristo, en lugar de que él mostrase su propio poder o su propia capacidad (2 Corintios 12:9).

—Pablo, a causa de sus enfermedades, no era feliz por sí mismo, —continué diciendo—. El quería decir a los corintios: Desde que sé que lo que sufro es *bueno para Cristo*, me gozo en el aguijón que tengo en la carne, y en los insultos, en las necesidades, en las persecuciones y en las dificultades, porque cuanto más débil soy, más fuerte me siento, y cuanto menos tengo, más dependo de él (2 Corintios 12:10).

El joven esposo hojeaba, pensativo, su Biblia.

—Yo tengo fe en que Dios obra en todas las cosas —dijo finalmente—. Pero en cuanto a regocijarme, es difícil para mí.

—Si decimos que tenemos fe, pero no podemos regocijarnos, ¿no significa eso que, realmente, no tenemos confianza en que lo que Dios está haciendo es lo mejor? —sugerí.

El hombre estaba silencioso, pero movió la cabeza en señal de asentimiento, y exclamó: —Creo que tiene usted razón. Quiero intentarlo."

Nos arrodillamos juntos y él empezó a sollozar, mientras yo oraba. Luego dijo: —Dios, yo sé que amas a mi mujer más que yo mismo, y creo que tienes un plan maravilloso para nosotros.

Las lágrimas corrieron libremente por su rostro, pero sus ojos brillaban con una nueva confianza.

—Dios está obrando de la forma más conveniente, capellán. Yo lo sé.

Unos días más tarde, el joven esposo solicitó un permiso para poder ver a su mujer. Le fue otorgado, y vino a despedirse de mí.

—Espere usted hasta oír lo mejor —me dijo entusiasmado—. Dios ha prometido sanar a mi mujer en el mismo instante en que yo la vea, y ponga mi mano sobre su cabeza, y diga: "En el nombre de Jesús, queda sanada."

Sentí una punzada de duda. ¿Qué sucedería si ese joven esposo, en su ansiedad, estuviera adelantándose a Dios? Entonces, también sentí la seguridad del Espíritu Santo y puse mi mano sobre el esposo, al pronunciar esta oración de despedida: "Padre, yo sé que si dos de nosotros aquí en la tierra nos ponemos de acuerdo sobre alguna cosa que queramos pedirte en oración, tú nos la darás. Por tanto, yo estoy de acuerdo con este esposo de que en el momento en que él ponga su mano sobre su mujer, tú la sanarás."

Dos semanas más tarde recibí una carta de este joven esposo en la cual me decía:

"Resultó exactamente como Jesús dijo que haría. Mi esposa estaba en la sala de consulta del psiquiatra cuando la vi por primera vez. Tenía una mirada terrible. La expresión de su rostro y el temor que podía verse en sus ojos, casi me convencieron de que se hallaba al límite de toda ayuda. Pero yo sabía que tenía que obedecer lo que Dios me había dicho y, así, me dirigí a ella y puse mis manos sobre ella. En ese mismo instante, algo como un shock la removió y yo supe que estaba sanada. Le dije al psiquiatra que estaba sanada y él me miró como si pensase que yo también necesitaba ingresar en un Hospital Psiquiátrico. Pero al día siguiente me llamaron, y el psiquiatra me dijo: "Yo no sé a qué atribuirlo, pero su esposa parece estar bien." Ahora, ella está en casa, y más feliz que nunca. Ha sido fortalecida por la aflicción que ha sufrido, y ahora ella se une a mí para dar gracias a Dios por todas las cosas. Hemos aprendido cómo se manifiesta el poder sanador de Cristo cuando le alabamos."

La fuerza de Dios puede sustituir nuestra debilidad cuando vamos a él reconociendo, y admitiendo, dónde hemos fallado. Pero, ¡cuántas veces nos avergonzamos de confesar que somos débiles, temiendo que otros, y Dios, no van a aceptarnos como realmente somos! Esta clase de pensamiento tiene su raíz en la falsa idea de que debemos ganar, o merecer, el amor de Dios.

Un general cristiano se llegó un día a mí para confesarme que el esfuerzo de presentar una imagen perfecta delante de sus hombres estaba a punto de matarle. Mientras hablábamos, me di cuenta de que ese hombre, a quien había admirado por su porte exterior y su confianza, no había podido jamás aceptarse como realmente era. Se hallaba obsesionado por el temor de que si tenía que ceder, decepcionaría grandemente a su familia y a sus hombres.

Le sugerí que aliviaría su tensión si diese gracias a Dios por haberle creado exactamente como él era.

—¿Así como me encuentro hoy? ¿Lleno de temor y de tensión? — me preguntó, y yo asentí.

—¿Y piensa usted —le respondí— que el Dios que creó el universo y puso las estrellas en el cielo, tuvo menos cuidado al crearle a usted? ¿O es que ha tenido menos cuidado en las circunstancias que ha permitido en su vida, a fin de mostrarle cuánto le ama?

El general volvió varias veces a mi despacho, mientras estudiaba su Biblia, y leía *El secreto del poder espiritual*, con interés. Gradualmente, aceptó el hecho de que Dios tenía un plan perfecto para su vida y que el continuado esfuerzo que había sentido estaba sirviendo al propósito de llevarle a confiar en Dios.

Empezó a alabar a Dios por sus ansiedades y, poco a poco, un sentimiento de paz reemplazó las antiguas costumbres de temor. Por primera vez en su vida se sintió feliz de ser como era.

—Mientras pensaba que Dios no podía quererme con mis debilidades, trataba de esconderme, y, en consecuencia, me apartaba cada vez más de la verdad —me dijo y añadió: —Tan pronto como reconocí que era débil y di gracias a Dios por haberme hecho así, su amor comenzó a transformarme y Dios comenzó a llenarme de su paz.

David escribió así:

"Bendecid, pueblos, a nuestro Dios, y haced oír la voz de su alabanza. El es quien preservó la vida a nuestra alma, y no permitió que nuestros pies resbalasen. Porque tú nos probaste, oh Dios; nos ensayaste como se afina la plata. Nos metiste en la red; pusiste sobre nuestros lomos pesada carga. Hiciste cabalgar hombres sobre nuestra cabeza; pasamos por el fuego y por el agua, y nos sacaste a abundancia... A él clamé con mi boca, y ensalzado fue con mi lengua. Si en mi corazón hubiese yo mirado a la iniquidad, el Señor no habría escuchado. Mas ciertamente me escuchó Dios; atendió a la voz de mi súplica... Aclamad a Dios con alegría, toda la tierra: Cantad la gloria de su nombre: poned gloria en su alabanza" (Salmo 66:8-12, 17-19, 1, 2).

David quería unidad con Dios, y sabía que cualquiera cosa inmunda en él evitaría que el amor de Dios le llenase y fluyese por él. Por eso, David deseaba que en él se realizase el proceso de Dios, purificándole y limpiándole. Se regocijaba cuando los pueblos revelaban los pecados escondidos de sus propios corazones, los pecados que podían confesar, para ser sanados. Dios mismo le había mostrado a David el camino.

"¿He de comer yo carne de toros, o de beber sangre de machos cabríos? Sacrifica a Dios alabanza, y paga tus votos al Altísimo. E invócame en el día de la angustia: te libraré y tú me honrarás. Pero al malo dijo Dios: ¿Qué tienes tú que hablar de mis leyes, y que tomar mi pacto en tu boca, pues que tú aborreces la corrección, y echas a tu espalda mis palabras?... Entended ahora esto, los que os olvidáis de Dios; no sea que os despedace, y no haya quien os libre. El que sacrifica alabanza me honrará: y al que ordenare su camino, le mostraré la salvación de Dios" (Salmo 50:13-17, 22, 23).

¡Las sendas de Dios son sendas de alabanza!

5

Cuando caen los pajarillos

"Ni un pajarillo (¿cuánto cuestan? Se dan dos por una monedita) cae a tierra sin que vuestro Padre lo permita. Hasta los cabellos de vuestra cabeza están todos contados uno por uno. No tengáis miedo, pues; vosotros valéis más que muchos pajarillos" (Mateo 10:29-31).

Jesús dijo a sus discípulos que nuestro Padre en los cielos cuida de cada pajarillo y cuenta cada cabello de nuestras cabezas; y, sin embargo, el hecho es que los pájaros *caen a tierra* y que ocurren tragedias. Niños inocentes perecen bajo las ruedas de coches conducidos por hombres borrachos. Otros, a quienes amamos, enfermos de cáncer, mueren a pesar de nuestras fervientes oraciones.

¿Podría haber impedido Dios la caída de los pajarillos, la tragedia, la muerte de niños inocentes, el desarrollo del cáncer?

Muchos de nosotros creemos que Dios tiene el poder de prevenir tales cosas, *si* quiere. Y de esta forma nos quedamos con esa lucha interior en nuestras mentes sobre el problema del porqué Dios permite lo que parece ser la victoria del mal sobre el bien.

Algunas veces sacamos la conclusión de que Dios es insensible, parcial, o que nos abandona; o pensamos que las víctimas de algún mal sufren por su propia culpa o a causa de algún pecado. Las dos conclusiones se hallan en contraste con las buenas nuevas de la Biblia que nos habla de que Dios es amor y de que no necesitamos ser buenos para merecer su amor.

Es imposible alabar a Dios por todas las cosas si pensamos que él no es verdaderamente responsable de todas las cosas que nos suceden o que, en ocasiones, es indiferente a nuestros sufrimientos.

A veces recibo cartas de personas que me preguntan si debemos dar gracias a Dios por algo que sea malo, cuando la Biblia nos dice que aborrezcamos el mal. Citan los dos siguientes textos: "Los que amáis a Jehová, aborreced el mal" (Salmo 97:10) y "Aborreced el mal, y amad el bien" (Amós 5:15).

Estos textos se refieren a que no debemos aprobar el mal, ni practicarlo, ni someternos a él.

Alabar a Dios por circunstancias adversas no debe significar que aprobamos el mal por el mal en sí, excepto en el sentido en que el apóstol Pablo habló de regocijarse en el dolor, no a causa del dolor en sí, sino por saber que Dios obra en él y por él.

Dios no creó el mal, porque Dios es amor. Pero Dios creó a los seres con voluntad libre y capacidad para el mal. El mal surgió como consecuencia de la rebelión del hombre, y permanece en este mundo con el permiso de Dios, pero siempre sujeto a su voluntad. Nada malo puede sucedernos sin el permiso de Dios.

Por existir el mal, Dios envió a su Hijo para que muriese en la cruz a fin de vencer el poder del mal en las vidas de todos los que creyesen en él. "Los malos se inclinarán delante de los buenos" (Proverbios 14:19).

A nosotros, que creemos, nos es dado el poder de vencer al mundo. "Todo el que tiene fe en que Jesús es el Cristo, es un hijo de Dios y... vence al mundo. Y nuestra fe nos da la victoria sobre el mundo" (1 Juan 5:1-4, V.P.).

¿En qué se fundamenta esta fe? ¿En qué tenemos que creer a fin de vencer? Creemos en Jesucristo, pero hay más. Para creer plenamente en Cristo hemos de aceptar que Dios es el Dios todopoderoso que él dice que es, y que nada ocurre sin su conocimiento, o fuera de su voluntad.

Si creemos firmemente esto y alabamos a Dios por cada circunstancia de mal aparente a nuestro alrededor, estoy convencido de que *cada* situación difícil, *cada* tragedia, será cambiada por la mano de Dios.

Al decir esto, sé que la mayor parte de ustedes pensará enseguida en la conclusión de que Dios cambiará una situación que pensamos es buena. Pero no es esto lo que digo.

Cuando le confiamos plenamente a Dios una situación o una condición mala, dándole las gracias y alabándole por ello, el poder de Dios cambiará, supeditará o vencerá la intención y el plan del poder del mal inherente a esa situación, transformándolo para adaptarlo a la intención *original* y perfecta y al plan de Dios.

Es posible que no comprendamos el plan de Dios o que no lo reconozcamos como bueno, pero cuando alabamos a Dios por ello, relegamos a su poder que obre en la situación para nuestro bien.

(Nuestras ideas del bien o del mal son, a veces, tristemente tergiversadas. Por ejemplo, cuando un niño hereda un millón de dólares, decimos: "¡Es maravilloso!" Pero si un niño muere y va al cielo, decimos: "¡Qué trágico!" Y sin embargo, sabemos que un millón de dólares puede llevar a consecuencias trágicas, mientras que ir al cielo sólo puede ser bueno.)

Si alabamos a Dios en todas las circunstancias yo creo que podrá evitarse que caigan algunos pajarillos y que algunos niños mueran, así como que ha de ser posible que sanen algunos enfermos de cáncer. No obstante, éste *no* es el motivo de nuestra alabanza a Dios. Aun habrá pajarillos que caigan, niños que mueran y personas que fallezcan de cáncer. Nuestra alabanza debe ser también *para* estas circunstancias.

Se nos dice que alabemos a Dios por permitir el mal en nuestras vidas, confiando en que en ello tiene un plan y un propósito, pero, ¿qué hacer después? ¿Cómo hemos de reaccionar personalmente respecto del mal cuando nos enfrentamos cara a cara con él? Entre los cristianos hay muchas opiniones confusas sobre este punto.

Jesús les dijo a sus seguidores: "No resistáis al que es malo" (Mateo 5:39). Sin embargo, podemos leer no sólo esto, sino también que cuando él vio mercaderes en el área del templo que estaban vendiendo bueyes, ovejas, palomas, y cambiando monedas, hizo un látigo de cuerdas y "echó fuera del templo a todos, y las ovejas y los bueyes", y que a los que cambiaban dinero, les tiró las monedas al suelo y les volcó las mesas. (Juan 2:15.)

Aquí vemos a Jesús reaccionando contra el mal. Sin embargo, no ofreció resistencia cuando los hombres fueron a prenderle en el huerto de Getsemaní, y reprendió al discípulo que quiso defenderle con la espada.

De modo que hay ocasiones en las que Dios nos dejará actuar en contra del mal, y habrá otras en que deseará que nos sometamos sin ofrecer resistencia. ¿Cómo habremos de saber lo que tenemos que hacer en cada circunstancia?

Creo que el único recurso es reconocer que en nosotros no tenemos poder para vencer el mal. El poder vencedor es siempre el de Dios. La esencia del poder de Dios en nosotros es que debemos aprender a centrar nuestra atención en él, la fuente de todo poder vencedor, y no dirigir nuestra atención contra el mal en nosotros. El nos dirigirá paso a paso.

El apóstol Pablo dijo a los Romanos: "No seas vencido de lo malo; sino vence con el bien el mal" (Romanos 12:21).

Cuando Jesús fue arrestado y crucificado, su acción de no resistencia al mal venció el poder del mal en el mundo.

El nos demostró que hay un modo mejor de tratar de resistir al mal, en cuanto a lo que pensamos en relación con la resistencia al mismo. La idea que tenemos de la resistencia al mal, es el empleo de la fuerza contra la fuerza y, así reaccionamos frente a las malas circunstancias, oponiéndonos, en lugar de buscar la presencia y la dirección de Dios en cada situación.

Siempre que nuestra acción esté impulsada por las circunstancias malas que nos rodean, antes que por nuestra fe en el poder de Dios y en el control perfecto de la situación, permitimos al mal que nos venza, en lugar de vencer al mal con el poder de Dios.

Jesús no era un pacifista. Cuando dijo: "No resistáis al mal", pensaba que, en su lugar, deberíamos reconocer *activamente* el poder de Dios sobre el mal, y reconocer que, a veces, Dios elige circunstancias aparentemente malas para llevar a cabo su plan del bien.

En tal caso, resistir al mal significaría que estamos trabajando para impedir el plan perfecto de Dios. Si los discípulos hubieran intentado prevenir el prendimiento de Jesús en el jardín de Getsemaní, se hubieran entrometido en el plan de Dios, aunque a ellos les hubiese podido parecer que habían obtenido una victoria sobre el mal. Jesús vino para conquistar, no para enseñarnos cómo hemos de perder sin quejarnos.

Los apóstoles Pedro y Santiago nos dicen que estemos firmes en la fe contra Satanás. Si vemos el contexto de su mensaje deducimos claramente que están de completo acuerdo con Jesucristo y San Pablo.

"Someteos, pues, a Dios. Resistid al diablo, y él huirá de vosotros. Acercaos a Dios, y él se acercará a vosotros" (Santiago 4:7, 8). "Sed sobrios y velad; porque vuestro adversario, el diablo como león rugiente, anda alrededor buscando a quien devorar; al cual resistid, firmes en la fe..." (1 Pedro 5:8, 9).

Nuestra única defensa contra el poder del mal es el poder de Dios. El poder de Dios está liberado cuando nos mantenemos firmes en nuestra fe en que Dios controla perfecta y amorosamente cada detalle de las circunstancias que nos rodean. Y expresamos esta fe al alabarle y darle gracias por la situación en que nos encontremos.

Se nos dice que seamos prudentes y despiertos a los ataques del enemigo, pero nuestra atención debe estar centrada en Dios, no en Satán. Debemos vigilar en cuanto a nuestro enemigo, pero nuestra protección no debe depender de la vigilancia nuestra respecto de nuestro enemigo, sino de nuestro convencimiento en el poder de Dios.

Si dejamos que el temor y las dudas se apoderen de nuestras mentes al ver la presencia del mal, impedimos que el poder de Dios entre en la situación. Debemos aprender a ver el mal en su justa perspectiva —sujeto al poder invencible de Dios— y, entonces, que este poder obre todas las cosas para bien, de acuerdo con el plan perfecto de Dios.

Lo que nos concierne es estar firmes en la fe, obedientes a los dictados del Espíritu Santo, que guiará nuestras acciones exteriores en cada situación. Interiormente, debemos mantener *siempre* nuestros ojos puestos en Dios y alabarle y darle gracias por sus bondades y misericordias en todas las cosas.

Estar firmes en la fe significa que nuestra voluntad esté dispuesta a aceptar la Palabra de Dios, prescindiendo de cuáles sean nuestros sentimientos o circunstancias.

La Biblia nos dice que Dios está al tanto de cada tormenta, cada temblor de tierra, tornado o huracán, de cada guerra, hambre o pestilencia, de cada nacimiento o muerte, de cada flor en el campo, de cada pajarillo, de cada cabello, en nuestras cabezas. A nosotros nos toca decidir si creemos o no en él en todos nuestros caminos.

Algunas personas dicen: "Yo puedo ver que Dios es responsable de algunas cosas, pero no puedo aceptar que esté al cuidado de todas las cosas."

Esto no es una base adecuada para la alabanza, y en las áreas particulares en las que rehusemos ver la mano de Dios, nunca podremos esperar una contestación a nuestras oraciones, o la evidencia de su poder transformador.

Veamos lo que dice la Biblia respecto de algunas áreas en las que hallamos difícil reconocer la mano de Dios.

Habacuc era un profeta que se quejaba de las condiciones de su país, lo mismo que hoy en día muchos de nosotros nos quejamos del mundo.

"¿Hasta cuándo, oh Jehová, clamaré y no oirás?", decía el profeta. (El ni siquiera pensaba que Dios estaba escuchando, y estoy seguro de que hay cristianos modernos que están de acuerdo con él.) "Yo te llamé, pero fue en vano, pues no hubo respuesta. ¡Socorro, asesinan!, grité, pero nadie vino a salvar. ¿Tendré que ver siempre este pecado y esta tristeza a mi alrededor? Dondequiera que miro, hay opresión y soborno, y hombres a quienes gusta discutir y luchar. La ley es débil y no hay justicia por cuanto el impío asedia al justo, y prevalecen el soborno y la trampa" (Habacuc 1:2-4).

¿Hemos echado una mirada a este mundo del siglo XX, y pensado así? Yo lo he hecho.

Y Dios contestó al profeta: "¡Mira, y maravíllate! ¡Habrás de extrañarte de lo que voy a hacer! Porque voy a hacer algo durante tu propia vida, y habrás de verlo para creerlo. ¡Levantaré una nueva fuerza en la escena del mundo, los caldeos, una nación cruel y violenta, que camina por el mundo y lo conquistará!" (Habacuc 1:5, 6).

Dios dijo que levantaría una nación violenta y cruel para conquistar el mundo. Desde entonces, ¿no habrán llegado otros ejércitos a la escena mundial de la misma manera?

Dios *no permitió* a los caldeos, exactamente hablando, que conquistaran, *él los levantó*. ¿Qué han hecho Napoleón, Hitler, los ejércitos comunistas de China y de Rusia? ¿Estamos dispuestos a dar gracias a Dios por haberlos levantado? ¿Podemos aceptar su Palabra de que él lo hace todo para nuestro bien? ¿Podemos, honestamente, alabarle por ello? Habacuc se horrorizó cuando oyó lo que Dios pensaba hacer.

"¿No eres tú desde el principio, oh Jehová, Dios mío, Santo mío? No moriremos. Oh Jehová, para juicio lo pusiste; y tú, oh Roca, lo fundaste para castigar. Muy limpio eres de ojos para ver el mal, ni puedes ver el agravio: ¿por qué ves los menospreciadores, y callas cuando destruye el impío al más justo que él?" (Habacuc 1:12, 13).

¿No se han maravillado ustedes cuando Dios permitía a hombres malos y crueles que hirieran a inocentes? Yo, sí.

Habacuc siguió preguntando: "¿Somos como peces para ser pescados y matados? ¿Hemos de ser recogidos y puestos en sus redes, mientras ellos se alegran? ¿Los dejarás marchar así eternamente?" (Habacuc 1:14, 15, 17).

Dios no dejó sin respuesta la pregunta de Habacuc, sino le dijo que la escribiese para que todo el mundo viera y recordara.

"Escribe la visión, y declárala en tablas, para que corra el que leyere en ella. Aunque la visión tardará aún por tiempo, mas al fin hablará, y no mentirá: aunque se tardare, espéralo, que sin duda vendrá; no tardará" (Habacuc 2:3).

¡Dios nunca llega tarde! Su noción del tiempo es perfecta, pero nosotros nos hallamos siempre inquietos porque nuestros cálculos no son buenos.

Dios dijo a Habacuc: "Los hombres que confían en sí mismos (como los caldeos), fracasarán; pero los justos que confían en mí, éstos vivirán" (Habacuc 2:4).

Los caldeos, al final, fracasarían. Serían traicionados por su propia arrogancia; arrastrados por su propia codicia. Su aparente gloria se tornaría en vergüenza, y como consecuencia de su maldad serían expulsados hasta que llegase el momento en que toda la tierra estuviese llena del conocimiento de la gloria de Dios.

Habacuc vio entonces la grandeza del plan del Eterno y clamó en triunfo, cantando a Dios:

"Oh Señor, he oído tu palabra y temí: oh Jehová, aviva tu obra en medio de los tiempos, en medio de los tiempos hazla conocer; en la ira acuérdate de la misericordia. Dios vendrá de Temán, y el Santo del monte de Parán. Su gloria cubrió los cielos, y la tierra se llenó de su alabanza. Y el resplandor fue como la luz; rayos brillantes salían de su mano; y allí estaba escondida su fortaleza. Delante de su rostro iba mortandad, y a sus pies salían carbones encendidos. Paróse y midió la tierra: miró, e hizo temblar las gentes; y los montes antiguos fueron desmenuzados, los collados antiguos se humillaron a él. Sus caminos son eternos" (Habacuc 3:2-6).

Habacuc quedó abrumado con la visión que había visto. El no preguntó más a Dios sobre el control de terremotos, pestilencia, hambre y guerras. Los labios de Habacuc se estremecieron con temor; todo su cuerpo tembló con terror, pero él cantó así a Dios: "Aunque la higuera no florecerá, ni en las vides habrá frutos; mentirá la obra de la oliva, y los labrados no darán mantenimiento, y las ovejas serán quitadas de la majada, y no habrá vacas en los corrales; con todo, yo me alegraré en Jehová, y me gozaré en el Dios de mi salud. Jehová el Señor es mi fortaleza, el cual pondrá mis pies como de ciervas, y me hará andar sobre mis alturas" (Habacuc 3:17-19).

Habacuc temblaba de terror ante la visión del futuro que Dios le había mostrado, pero se convenció de que Dios es un Dios de amor, de justicia y de misericordia, y no vaciló en confiarse por completo en sus manos, alabándole por su plan perfecto para el pueblo de Israel.

El mandamiento de Dios para nosotros es que también le alabemos, aun cuando nuestros labios tiemblen y nos llenen de terror las circunstancias de su plan para nosotros.

Por medio del profeta Isaías, Dios anunció a su pueblo que pensaba levantar al rey Ciro de Persia para conquistar y aplastar muchas naciones. El rey Ciro no conocía a Dios, pero Dios quería emplearle para llevar a los judíos en cautividad a Babilonia y reedificar el templo de Jerusalén.

¿Por qué eligió Dios a Ciro, un rey pagano, para llevar a cabo sus propósitos? A quienes le preguntaron, Dios respondió de este modo: "Yo formo la luz y creo las tinieblas, hago la paz y creo el mal. Yo, Jehová, hago todo esto. ¡Ay del que pleitea con su Hacedor! ¿Dirá el barro al que lo labra, ¿qué haces? O, ¡qué poca habilidad tienes! Jehová el Santo de Israel y su Formador dice así: Preguntadme de las cosas por venir... Yo hice la tierra y crié sobre ella al hombre. Yo, mis manos, extendieron los cielos y a todo su ejército mandé. Yo levanté a Ciro para llevar a cabo mis planes de justicia y le enderezaré todos sus caminos" (Isaías 45:7, 9, 11-13).

Si nos negamos a ver la mano de Dios en cada situación a nuestro alrededor, somos como el tiesto que discute con el que lo hizo. Decimos: Si yo fuese Dios, ciertamente no lo haría *así*. No enviaría un temblor de tierra al Perú o no dejaría morir a un niño de leucemia, o no permitiría que un predicador refiriese cosas inciertas desde el púlpito, desviando a personas sencillas... y no permitiría que jovencitos fuesen tentados por la energía de la heroína.

Dios sabe lo que pensamos acerca de éstas y de otras cosas, y cuán limitado es nuestro entendimiento. El dijo por medio del profeta Isaías:

"Mis pensamientos no son vuestros pensamientos, ni vuestros caminos mis caminos... Como son más altos los cielos que la tierra, así son mis caminos más altos que vuestros caminos, y mis pensamientos más que vuestros pensamientos.

Porque como desciende de los cielos la lluvia, y la nieve, y no vuelve allá, sino que riega la tierra, y la hace germinar y producir, y da semilla al que siembra, y pan al que come; así será mi palabra que sale de mi boca: no volverá a mí vacía, antes hará lo que yo quiero, y será prosperada en aquello para que la envíe" (Isaías 55:8-11).

Nuestro escepticismo y nuestra decepción sobre los planes de Dios tienen su raíz en el hecho de que desconfiamos de él. No estamos convencidos de que en su mente tiene el mejor interés en nuestro favor.

Preguntamos por qué es necesario que muera un niño inocente bajo las ruedas de un coche conducido por un ebrio para que el conductor llegue a reconocer su necesidad de Dios. ¿Tiene Dios más cuidado por el alma de un conductor embriagado que por el niño o los padres afligidos del niño que perece bajo las ruedas del coche que ese conductor embriagado conduce?

Todos los seres humanos hacemos muchas preguntas como éstas, dándoles muchas vueltas en nuestras mentes, y mientras estamos deshechos por esas cuestiones, no tenemos paz, y la situación permanece invariable.

El único camino fuera de nuestro dilema es aceptar al Palabra de Dios por fe. Fe, a pesar de lo que pensamos, sentimos, o vemos. Su Palabra dice que él nos ama, y la muerte de un niño inocente entra en el plan amoroso de Dios para cada una de las personas afectadas.

El amor de Dios para con nosotros sólo puede ser aceptado por fe, así como aceptamos las demás promesas de la Biblia. Tenemos que decidirnos a creer en la naturaleza de su amor, porque él dice que es así, ya nos *sintamos* o no amados.

Las buenas nuevas de la Biblia son que Dios nos ama con un amor más bondadoso, más paciente, más sufrido e interesado por nuestra felicidad y bienestar que ningún otro amor. Dios nos ama y tiene un plan perfecto para nuestra vida. El envió a su Hijo para morir por nosotros, para proveernos de una vida nueva llena de gozo y paz abundantes, en un mundo lleno de sufrimientos.

Posiblemente no podemos comprender con nuestro entendimiento limitado, el magnífico alcance del plan de Dios para nosotros y para este mundo. Como el profeta Habacuc, estamos aterrorizados de que Dios emplee los terremotos y las guerras, los sufrimientos y las muertes para llevar a cabo su plan.

Pero el plan de Dios es un plan perfecto. Es el único plan que siempre ha actuado en esta tierra donde la rebelión de la humanidad y del mal ha prevalecido. A través de la historia, miremos el sangriento desorden que hemos causado intentando arreglar nuestras propias vidas.

El plan de Dios no es el que nosotros haríamos —dijo Dios mismo a Isaías— porque sus pensamientos son mucho más elevados que los nuestros, y su perspectiva mucho más alta que la nuestra.

Dios sólo desea lo mejor para nosotros.

"Con alegría saldréis, y con paz seréis vueltos; los montes y los collados levantarán canción delante de vosotros, y todos los árboles del campo darán palmadas de aplauso. En lugar de la zarza crecerá haya, y en lugar de la ortiga crecerá arrayán: y será a Jehová por nombre, por señal eterna que nunca será raída" (Isaías 55:12, 13).

Dios quiere derramar bendiciones sobre nosotros. El desea tener en todo momento cuidado de nosotros, hasta en los detalles más pequeños de nuestra vida diaria. No obstante, insistimos en mirar las circunstancias que nos rodean, los funcionamientos externos de su plan, y especular sobre lo que significan, y cómo se ajustan, mientras que su mandamiento es que le miremos a él y que confiemos en él.

Ponemos una barrera entre nuestro entendimiento y Dios en tanto que insistamos en aprobar y resolver su plan antes que atrevernos a confiarnos en él.

Aquí, igual que en nuestra primera entrega a Dios, debemos aceptar su voluntad y su plan antes de comprenderlos. Hemos de poner deliberadamente a un lado, nuestro propio deseo de conocer y de comprender lo que Dios está haciendo, disponiéndonos a confiar enteramente en su Palabra.

Su plan para nosotros es bueno. ¿Estamos totalmente convencidos de ello?

Su plan para Job era bueno, pero fue un plan que probó la fe de Job hasta lo indecible e hizo vacilar su entendimiento.

Job era un hombre bueno, ciertamente. Dios dijo de él: "No hay otro como él en la tierra, varón perfecto y recto, temeroso de Dios y apartado del mal" (Job 1:8).

¿Qué ocurrió, pues, con Job? El perdió todo lo que tenía: su ganado, sus cosechas... y un día se hundió el techo de la casa, y perecieron sus hijos.

Si esto le sucediese a usted, lector amigo, o a uno de sus vecinos, ¿diría que lo había hecho Dios?, o, más bien ¿que lo había hecho Satanás?

En el caso de Job era Satán. Pero, ¿cómo lo hizo? Satán pidió a Dios permiso para llevar a Job aquellos disgustos.

Satanás puede ser el actor que realiza un papel en el drama de nuestra vida, pero Dios es aún el Director.

¿Cuál fue la respuesta de Job? Cayó al suelo ante Dios, y desgarró su ropa en señal de dolor.

"Desnudo salí del vientre de mi madre... y desnudo volveré allá. Jehová dio, y Jehová quitó: ¡Sea el nombre de Jehová bendito!" (Job 1:21).

Pero ése no fue el final de los males de Job, Satanás pidió otra vez permiso para atormentar más a Job, y Dios se lo dio.

Job fue herido de una sarna maligna sobre su cuerpo, que llegó a desfigurarle tanto, que nadie se atrevía a mirarle. Su propia mujer le aconsejó que maldijese a Dios y muriese, y sus vecinos, que siempre le habían respetado, se burlaban de él y le volvían la espalda. Tres de sus mejores amigos le visitaron para decirle que sus sufrimientos eran la consecuencia de su pecado, aconsejándole que se arrepintiera.

Job nunca dudó de que Dios había consentido en su desgracia. Clamó pidiendo misericordia, aunque estaba convencido de que no era su pecado la causa de su sufrimiento. Job sabía que él era un hombre justo, y confiaba en Dios.

"Aunque me matare, en él esperaré; empero defenderé delante de él mis caminos" (Job 13:15).

Job creía firmemente que lo que le estaba sucediendo era la voluntad de Dios, y no vaciló su fe, aunque su entendimiento preguntase a Dios cuál era el propósito. La pregunta de Job ha tenido eco en nosotros, en una u otra ocasión.

"¿Por qué permites la pobreza, oh Señor? ¿Por qué permites que sufran los inocentes? ¿Por qué los hombres malvados viven con comodidades y bienestar? ¿Por qué no escuchas mis súplicas? Señor, ¿por qué no me dejas morir para que terminen mis sufrimientos y pueda descansar contigo?"

Cuando Dios contestó a Job, su respuesta era la represión severa de un padre a un hijo.

"¿Dónde estabas cuando yo fundaba la tierra? Házmelo saber si tienes inteligencia... ¿Has mandado tú a la mañana en tus días? ¿Has mostrado al alba su lugar? ¿Por qué camino se reparte la luz, y se esparce el viento solano sobre la tierra? ¿Podrás tú atar los lazos de las Pléyades? ¿Sacarás tú a tiempo las constelaciones de los cielos? ¿Quién dio al entendimiento la inteligencia? ¿Diste tú al caballo la fortaleza? ¿Vestiste tú la cerviz de relincho? ¿Se remonta el águila por tu mandamiento y pone en alto su nido? ¿Es sabiduría contender con el Omnipotente? ¡El que disputa con Dios responda a esto! (Job 38:4, 12, 24, 31, 32, 36; 39:5, 19, 27; 40:2).

Job respondió así: "Yo no soy nada, ¿cómo podría encontrar respuesta? Mi mano pongo sobre mi boca" (Job 40:4, 5).

Dios prosiguió con la impresionante lista de su creación: los animales, sus caminos y su fuerza, el poder de Dios sobre todos los hombres.

"¿Quién puede estar delante de mí? ¿Quién me ha anticipado, para que yo restituya? Todo lo que hay debajo del cielo es mío" (Job 41:10, 11).

Job contestó: "Conozco que todo lo puedes y que no hay pensamiento que se esconda de ti. Yo denunciaba lo que no entendía: cosas demasiado grandes para mí... De oídas te había oído, mas ahora mis ojos (espirituales) te ven... Por tanto, me aborrezco y me arrepiento en el polvo y en la ceniza" (Job 42:2, 3; 5, 6).

También habló Dios ásperamente con los tres amigos de Job, los cuales estaban totalmente equivocados en relación con las razones del sufrimiento de Job. Dios les dijo que no habían hablado rectamente y que debían ofrecer un holocausto y, después, Job oraría por ellos.

Los tres hombres hicieron como les había sido indicado, y cuando Job oró por sus amigos, mudó Dios la aflicción de Job, restituyéndole al doble todas las cosas que habían sido de él (Job 42:10).

Es interesante observar que Dios bendijo a Job cuando hubo bendecido a quienes le habían acusado malamente. Job aprendió su lección. Nunca más juzgaría la operación del universo de Dios. Nunca más miraría o escucharía con sus sentidos naturales, sino con su nueva y espiritual visión.

Dios tenía un plan perfecto para Job. Sus pruebas fueron ejecutadas por Satanás, pero fueron permitidas por Dios a fin de darle a Job fe y sabiduría más grandes, y demostrarle cuán poderoso es Dios y cuán grande es su amor.

Dios tuvo un plan perfecto para Rut, la moabita. Sin embargo, a todo el mundo pareció como si la hubiese seguido la mala suerte. Primeramente, perdió a su marido. Luego, volvió a Belén con su suegra y allí vivieron en pobreza, teniendo Rut que ir a trabajar en el campo de un rico hacendado y espigar en él en pos de los segadores, y recoger las espigas que iban cayendo de las gavillas que ellos llevaban. Pero Rut confió en Dios y allí, en el campo, conoció a Boaz, un pariente rico de su fallecido esposo. Boaz se enamoró de Rut, y se casaron. El plan de Dios se realizó, y Rut llegó a ser la abuela del rey David.

¿Qué diremos del plan perfecto de Dios para José? El había planeado que José fuese la mano derecha del Faraón de Egipto, pues Dios necesitaba utilizarle en tiempo oportuno para salvar del hambre al pueblo de Israel.

José fue vendido por sus hermanos como esclavo a una caravana de mercaderes en camino hacia Egipto. Este fue el primer paso del plan de Dios, pero los hermanos de José no sabían que, al obrar así, estaban sirviendo a los propósitos de Dios. Ellos odiaban a su hermano y sólo pensaban en causarle daño.

Más tarde, José llegó a ser el siervo de confianza de un personaje egipcio, y parecía como si estuviera ascendiendo de nivel social. Pero fue falsamente acusado de haber intentado abusar de la mujer de dicho personaje egipcio, y se le encarceló. Si esto le ocurriese a usted, lector amigo, ¿no pensaría que Satanás había alcanzado una victoria? ¿O lo aceptaría como parte del plan perfecto de Dios?

Precisamente fue en la cárcel donde Dios arregló que José se encontrara con un oficial de Faraón y que le interpretase un sueño. José pidió a este oficial que, cuando fuese puesto en libertad, se acordase de él, e intercediera cerca de Faraón para que le perdonase. El oficial se lo prometió, pero se olvidó de su promesa. José pasó dos años más en prisión, y esto hubo de parecerle, sin duda, un triste capricho del destino. Pero la sincronización de Dios era perfecta. Faraón tuvo dos sueños extraños, que nadie logró interpretar. De repente, el mayordomo olvidadizo recordó al compañero con quien había estado juntamente preso dos años atrás. José fue llevado ante el Faraón y Dios le dio el significado de los sueños del monarca. Los siete años de abundantes cosechas serían seguidos de otros siete años de escasez. Faraón aceptó la interpretación de sus sueños y dio a José el encargo de ocuparse de almacenar las cosechas durante los siete años de abundancia y de distribuir los alimentos almacenados durante los siete años de escasez.

Cuando los hermanos de José fueron a Egipto para comprar grano, él reveló su identidad y ellos cayeron delante de él llenos de temor y de remordimientos. Pero José les dijo: "No os entristezcáis, ni tengáis pesar por haberme vendido, porque Dios lo hizo. El me envió aquí para preservar vuestras vidas... Fue Dios quien me trajo aquí, no vosotros... Pensasteis causarme mal, pero Dios lo encaminó todo para bien, para hacer lo que vemos hoy, para mantener en vida a mucho pueblo" (Génesis 45:5-8; 50:20).

¡Dios encaminó todo para bien! A veces, admitimos que Dios puede hacer todas las cosas para nuestro bien, de la forma en que nos lo dice la Biblia, pero pensamos que al tomar Dios cualquiera cosa que nos suceda y hacer de ella lo mejor, esto es una especie de bendición de segunda mano. ¡Pero Dios no está a la defensiva! El no está limitado a sacar el mejor partido de una mala situación. ¡Dios *tiene la iniciativa!*. Necesitamos recordarlo siempre.

Dios tuvo la iniciativa cuando Esteban fue apedreado (Hechos 7). Esteban era un hombre lleno del Espíritu Santo, que sirvió fielmente al Señor. Cuando fue apedreado a muerte, el joven Saulo de Tarso, enconado perseguidor de los cristianos, se hallaba entre los que presenciaban la lapidación.

Esteban confiaba plenamente en que Dios se hallaba a su lado en esa situación, pues se arrodilló mientras las piedras caían sobre él, y clamó en voz alta: "¡Señor, no les imputes este pecado!" Luego, murió. Esteban sabía que, aunque sus perseguidores lo hacían al impulso de malos sentimientos, Dios tenía un propósito para bien.

¿Sería capaz —estimado lector— de dar gracias a Dios por el asesinato de un verdadero cristiano que conociese, y creer que estaba usando una tragedia semejante para algún bien?

Saulo de Tarso se tornó en el apóstol Pablo después de su notable conversión en el camino de Damasco. Experimentó su participación de lo que parecía ser una desgracia al anunciar el evangelio.

Una vez, hallándose Pablo y Silas en Filipos, fueron acusados de corromper la ciudad, siendo golpeados con varas y heridos hasta correrles sangre por sus desnudas espaldas. Después, fueron llevados a la cárcel de más adentro, apretándoles los pies con cepos (Hechos 16:20-24). Pero Pablo y Silas no pensaron que Satanás hubiera alcanzado una victoria ni que Dios les había abandonado. Estaban convencidos de que Dios les había llamado a predicar en Filipos y que él se hallaba actuando en cada cosa para llevar a cabo su plan perfecto para ellos, y así, no gimieron ni se quejaron ni clamaron pidiendo ayuda al Señor. Metidos en los cepos, con la sangre endurecida en sus llagadas espaldas, sin que pudiesen estirar sus doloridas piernas, oraban y cantaban himnos de alabanza a Dios.

De repente, a media noche, se produjo un temblor de tierra, siendo abiertas las puertas de la prisión y soltándose las cadenas que aherrojaban a cada preso. El carcelero estaba horrorizado pensando que se hubieran escapado todos los presos, y sacó su espada para matarse. Pero Pablo gritó asegurándole que todos los prisioneros estaban allí, y entonces, el carcelero se llegó a Pablo y Silas arrojándose a sus pies, y diciéndoles: "¿Qué debo hacer para ser salvo?"

Comenzando con el carcelero y toda su familia, la gente de Filipos recibió el evangelio (Hechos 16).

Dios tenía un plan perfecto para la ciudad de Filipos. Envió a Pablo y a Silas para fuesen allí sus testigos, y ellos tuvieron fe en que Dios estaba realizando su plan, aunque hubo de emplear circunstancias que ellos no podían anticipar.

Siempre intentamos anticipar lo que Dios quiere hacer. Porque lleve a cabo una serie de circunstancias alguna vez de una determinada forma, pensamos que hará las mismas cosas en toda circunstancia parecida. Pero Pablo no siempre fue dramáticamente liberado de la prisión. Algunas veces tuvo que estar encarcelado varios años.

Pablo tuvo que sufrir muchas aflicciones. Fue apedreado, dejándole casi muerto, naufragó, fue

mordido por una víbora, padeció enfermedades
y persecuciones... pero ninguna vez pensó que
Dios hubiera dejado de dirigir cada incidente de
su vida. Todo lo sufrió con gozo, considerando
que era una oportunidad para alabar a Dios.
Pablo sabía que sus sufrimientos estaban obrando para su bien.

Durante algunos años sufrí dolores de cabeza
muy agudos. En vano buscaba en las Escrituras
alguna promesa de Dios para que me sanara,
pero no me fue posible encontrar el motivo de
mi malestar ni tampoco desapareció el mal.

Entre tanto, estuve atormentado por dudas.
Una y otra vez especulaba sobre el *porqué* me
habían sobrevenido tales sufrimientos. Los pensamientos me daban vueltas en la cabeza. *¿Por
qué no hace Dios algo para quitarme estos dolores? Estás orando para que otros sean sanados,
pero tu propio dolor no halla alivio.*

Pasé noches enteras sin dormir. Sufría y también persistían tales pensamientos. ¡Me sentía
tan miserable! "Si Dios es un Dios justo, que
sabe lo que estás sufriendo, no te culpará si te
suicidas. Hazlo con cuidado y nadie sospechará
que ha sido un suicidio; nadie se perjudicará y
quedarás libre de sufrimiento."

Como los argumentos de los amigos de Job,
esos pensamientos podían parecer muy razona-
bles, al estar atormentado de dolores. Pero, por
supuesto, son mentiras inventadas por el mismo
Satanás, que se acerca a los hombres únicamente
con permiso de Dios.

Al acusarnos y atormentarnos tiene que huir
si nos acercamos a Dios y nos apoyamos firmemente en su Palabra verdadera.

Mi dolor de cabeza tardó en desaparecer, pero resolví creer que Dios no permitiría que me sucediese nada que no fuese para mi bien. Así que también mi dolor de cabeza tenía que ser para mi bien, y empecé a alabar y a dar gracias a Dios cada vez que me venía el dolor. Haciéndolo así, algo maravilloso comenzó a realizarse en mí. Aunque parezca extraño, mi dolor empezó a obrar en mí. Cuanto más me dolía la cabeza, más agradecido me volvía y con mis acciones de gracias experimenté una nueva y profunda alegría que dominaba todo mi ser.

Ricardo Wurmbrand refiere lo que le sucedió cuando se hallaba en una prisión comunista y el dolor físico y la agonía mental se hicieron más fuertes de lo que podía aguantar. Tres años de confinamiento y de tortura estaban amenazándole con quitarle la salud que le quedaba, pero al llegar al extremo de su resistencia, Ricardo Wurmbrand aún confiaba en Dios, y le alabó por su omnipresente misericordia y por su amor. Wurmbrand dice que, entonces, el gozo empezó a irradiar a través de su ser, llenando toda la celda.

Dios hizo que sus sufrimientos cambiaran para bien. El ministerio de Ricardo Wurmbrand está ejerciendo influencia en el mundo entero, *a causa de* lo que él sufrió.

"Dios, perfecto es su camino; es acrisolada la palabra del Señor; escudo es a todos los que en él esperan" (Salmo 18:30).

El camino puede llevarnos a batallas feroces, por violentas tormentas, a través de fuegos e inundaciones. Sin embargo, la presencia de Dios está con nosotros y su mano nos guía, dice la Biblia.

¿Podemos dudarlo? El creó al soldado y sus armas, la tormenta, el fuego, las aguas de los diluvios. Todo está bajo su perfecto control.

¿Por qué desencadenó Dios una tormenta en el lago cuando Jesús se hallaba en él, en un barco con sus discípulos? Sólo para poder manifestar su poder y su autoridad (San Marcos 4).

¿Por qué permitió Dios que un hombre fuese ciego de nacimiento?

Jesús y sus discípulos al pasar cerca de él vieron al hombre ciego de nacimiento. "Maestro —le preguntaron sus discípulos— ¿por qué ha nacido ciego este hombre? ¿Es consecuencia de su propio pecado o del pecado de sus padres?" "Ni éste pecó —dijo Cristo— ni sus padres pecaron, sino para que las obras de Dios se manifiesten en él." Y luego, de decir esto, Jesús sanó al hombre (Juan 9:2, 3).

Los discípulos juzgaban al ciego desde el punto de vista del razonamiento y del entendimiento humanos; pero Jesús vio la situación bajo el perfecto control y poder de Dios.

Es nuestro punto de vista el que señala la diferencia.

He recibido centenares de cartas de personas que han leído *El secreto del poder espiritual*. El setenta y cinco por ciento proviene de personas que me dicen que han empezado a alabar a Dios en alguna situación difícil con resultados asombrosos. El veinticinco por ciento de dichas cartas son de personas que me cuentan situaciones semejantes, pero que no pueden creer que Dios quiera obrar por medio de ellas, y no pueden alabarle. Estas últimas personas están desesperadas, frustradas, desalentadas.

La diferencia no está en la situación, sino en el punto de vista y, consecuentemente, en el resultado.

Muchos son los que me escriben acerca de la muerte de un pariente cercano o de un amigo.

"¡Juan sufría tanto!" me escribió una señora. "Le llevamos a lugares de sanidad y a reuniones de oración por todo el país. Pareció durante algún tiempo que se encontraba mejor, y se renovaron nuestras esperanzas. Luego, volvió el cáncer y después de unos meses de lenta agonía, falleció. ¿Cómo pudo ser Dios tan inconsecuente? Yo no puedo creer que fuera la voluntad de Dios que Juan muriese. El era cristiano y deseaba servir a Dios. Si Dios lo ha hecho sólo para darnos una lección, ¿por qué tuvo que sufrir Juan? Yo no puedo creer que tenga que alabar a Dios por lo que ha sucedido."

He aquí otra carta:

"Carlos aceptó a Cristo hará menos de un año. Era un testigo radiante del Señor. Seis meses más tarde se le declaró un cáncer. Fue operado dos veces, pero el terrible mal en el pulmón siguió avanzando. Llamó a los ancianos de su iglesia, quienes oraron por su sanidad, y le ungieron. Cuando volvió a visitar al médico, para un nuevo reconocimiento, parecía que hubiese desaparecido. Carlos se alegró y alabó al Señor. Unos meses más tarde tenía fuertes dolores de cabeza. Fue al hospital para que le hiciesen otro reconocimiento, y dos días después, murió. Tenía un cáncer al cerebro.

"Un pastor, amigo de la familia, fue para tener

a su cargo el culto fúnebre. En el avión en que viajó, estuvo sentado al lado de unos jóvenes. Estos empezaron a hablar, y el pastor les refirió la historia de Carlos, y uno de los jóvenes que le escuchaba se entregó a Jesucristo antes de que el avión llegase a su destino. En Nueva Orleans el pastor cambió de avión. Y en esta segunda parte de su viaje se sentó al lado de una mujer joven. Ella le preguntó a dónde iba. También le refirió la historia de Carlos y, durante el viaje, ella aceptó a Cristo como su Salvador. El oficio fúnebre fue una ocasión para alabar a Dios por lo que había hecho en la vida de Carlos. Después del culto, ya fuera de la capilla, dos hombres aceptaron a Cristo. Durante la ceremonia no pude apartar mis ojos del rostro de la joven viuda. Estaba tranquila, con una paz y un gozo interiores. Durante los últimos años, ella y Carlos habían conocido el gozo en la alabanza a Dios por todas las cosas. Ella me dijo: "¡Sorbida es la muerte con victoria!" (1 Corintios 15:54). No tengo razón de lamentarme. ¡Alabado sea Dios!"

Las dos cartas hablan de circunstancias similares, pero ¡qué diferencia! Una es una historia de derrota, la otra de victoria. En una, lo sucedido se ve desde un punto de vista humano. En la otra, desde el punto de vista de Cristo.

La Biblia nos dice que *podemos* tener el punto de vista de Cristo.

"Haya en vosotros este sentir que hubo también en Cristo Jesús" (Filipenses 2:5). "Renovaos en el espíritu de vuestra mente" (Efesios 4:23).

Pablo no sugería una imposibilidad. Las palabras clave en sus pasajes son "haya" y "renovaos". No podemos darnos a nosotros mismos el punto de vista de Cristo, pero Dios renovará nuestra mente si nosotros le *dejamos* que lo haga.

Si estamos dispuestos a dejar que ocurra, podemos decirlo a Dios y esperar que lo realice. Lo que nos toca hacer a nosotros es creer que se realizará.

David quería estar de acuerdo con la voluntad de Dios para su vida y, sin embargo, sabía que no podía cambiar su rebelde corazón. Y clamó así a Dios:

"Aparta de mí el camino de la mentira, y hazme la gracia de tu ley. Escogí el camino de la verdad, he puesto tus juicios delante de mí... Por el camino de tus mandamientos correré, si me das un corazón dispuesto" (Salmo 119:29, 30-32).

David sabía que la única acción dentro de su poder era el elegir querer andar por el camino recto. Dios tenía que quitar lo malo e impartir lo bueno y dar a David un corazón dispuesto.

Dios nos dará lo mismo si deseamos dejarle que él obre; entonces, estaremos firmes en la fe, creyendo que está hecho. Cualesquiera sean las circunstancias que nos sobrevengan, hemos de alabar a Dios, porque son su camino para realizar su plan perfecto para nosotros. Las circunstancias son su medio de apartar el mal, impartiendo lo recto y dándonos un corazón dispuesto.

La alabanza relaja el poder de Dios en nuestra vida y circunstancias, porque la alabanza es la fe en acción. Si confiamos plenamente en Dios, él está libre para obrar y él da *siempre* la victoria. Puede ser una victoria que cambie las circunstancias, o una victoria en las circunstancias. La muerte puede ser apartada, o hacer que pierda su aguijón.

La alabanza es una aceptación permanente de lo que Dios ha realizado en nuestra vida. Entramos en esta actitud de la alabanza por un acto de nuestra voluntad, por una decisión de alabar a Dios.

"El día que temo, yo en ti confío... escribía David. "En Dios alabaré su palabra; en Dios me apoyo, descanso, y pongo toda mi confianza" (Salmo 56:3, 4).

"Mi corazón está dispuesto, oh Dios, cantaré y te alabaré" (Salmo 57:7).

6

¡Fuera las murmuraciones!

¿Ha salido usted de su casa en un día claro, hermoso y soleado, respirando aire fresco y dando gracias a Dios por su maravillosa creación?

Pero, ¿qué sucedió otro día, gris y lluvioso? ¿No se sintió automáticamente algo deprimido al asomarse a la ventana? Es posible que no haya querido expresar esto en voz alta.

¿Tiene la costumbre de dar gracias a Dios únicamente por lo que desea? ¿O acostumbra refunfuñar, aunque sea sólo un poco, cuando las cosas no van como quisiera?

¿Es algo malo quejarse un poco? No parece una gran cosa. ¿Cuál es la diferencia?

¡Toda la diferencia del mundo! Cada cosa depende de cómo respondemos a las cosas pequeñas de la vida.

Un abogado especialista en problemas matrimoniales nos dirá que el vínculo matrimonial se rompe, por lo general, por cosas pequeñas. Se necesita únicamente un pequeño clavo para pinchar un neumático. Un pequeño error de un mecánico puede causar la explosión de un avión gigante. Un mal entendido puede dar lugar a una guerra. Una palabra airada puede producir un disparo. Cosas pequeñas significan mucho, según el nivel en que vivamos.

A todos nos resulta tan fácil murmurar que muchas veces no nos damos cuenta de lo que estamos haciendo. Pero murmurar es completamente lo contrario a dar gracias. La queja es lo contrario de la confianza; una murmuración en contra de su esposa cuando se le quema la comida es lo contrario de una aceptación amorosa.

El diccionario define la queja como una acusación. Al lamentarse y quejarse está acusando a Dios de administrar mal los detalles de su día. La actitud de alabanza libera el poder de Dios en nuestras vidas, y la actitud de murmuración o de lamentación impide el poder.

"No murmuréis como algunos de ellos murmuraron, y perecieron por el destructor. Y estas cosas les acontecieron como ejemplo, y están escritas para amonestarnos a nosotros, a quienes han alcanzado los fines de los siglos" (1 Corintios 10:10, 11).

Pablo se refería al comportamiento de los israelitas en su peregrinación desde Egipto a la Tierra Prometida. ¿Qué hicieron y cuáles fueron las terribles consecuencias?

"El pueblo se quejó a oídos de Jehová; y lo oyó Jehová, y ardió su ira..." (Números 11:1).

Moisés había sacado a los israelitas de Egipto, y Dios les había dado pruebas maravillosas de su presencia y de su interés por ellos. El dividió el mar Rojo, permitiendo así que lo atravesaran por tierra firme, y, después, volvió el agua a su cauce anegando a los soldados egipcios que los perseguían. Dios prometió llevar a su pueblo a la Tierra Prometida; prometió alimentarles en el desierto; echar fuera a sus enemigos de delante de ellos, con sólo que confiasen en él. Como señal, la presencia de Dios iba delante de ellos en forma de una columna de *humo* durante el día y de columna de fuego durante la noche.

Pero los israelitas no confiaron en Dios. Se quejaban amargamente. Primero, por la falta de alimento y de agua, y, después, porque no les agradaba el sabor del agua que Dios les daba. Se cansaron de la comida que Dios les proporcionaba. Se inquietaban y se lamentaban por cosas insignificantes. ¿Cuál fue la consecuencia?

Pacientemente, Dios satisfizo a sus hijos quejumbrosos. Una y otra vez remedió sus necesidades, hasta que se dio cuenta de que no aprendían. Cuando se cansaron del gusto del maná y querían carne en su lugar, Dios dijo que les daría carne, no sólo un día o dos, sino un mes entero, "hasta que os salga por las narices, y la aborrezcáis, por cuanto menospreciasteis a Jehová..." (Números 11:20).

Durante cuarenta años peregrinaron los israelitas, y siempre había algo que marchaba mal, por lo que se quejaban amargamente y querían volver a los pucheros de carne de Egipto.

¿Por qué tardaron cuarenta años en recorrer trescientos kilómetros? Aun con mujeres, niños y ganado, hubieran podido hacer ese recorrido en unas semanas. Se retrasaron a causa de sus murmuraciones y no quisieron confiar en que Dios cumpliría su promesa, teniendo cuidado de todas sus necesidades.

Cuando los israelitas llegaron a los límites de la Tierra Prometida, descubrieron que allí vivían gigantes, en ciudades fortificadas. Y en vez de regocijarse de los obstáculos y alabar a Dios, puesto que les había prometido que echaría delante de ellos a sus enemigos, los israelitas se volvieron contra Moisés y pidieron regresar a sus pucheros de carne de Egipto, acusando a Moisés de haberles engañado y defraudado.

Sólo dos hombres, Josué y Caleb, que habían visto a los gigantes en las ciudades fortificadas, confiaron en que Dios mantendría su promesa y daría esa tierra a los israelitas. Pero nadie les escuchó.

Esto fue la última lucha. Dios decidió dejar que los israelitas se agitasen con sus propias lamentaciones. Ninguno de los que lamentaban habría de vivir para pisar la Tierra Prometida. En vez de eso, la nación de Israel habría de vagar por el desierto durante cuarenta años, hasta que se desarrollase una nueva generación, que entraría guiada por Josué y Caleb, los dos únicos que habrían de sobrevivir.

"A causa de lo cual me disgusté contra esa generación, y dije: Siempre andan vagando en su corazón, y no han conocido mis caminos" (Hebreos 3:10).

Mezquinas lamentaciones impidieron que los israelitas entrasen en la Tierra Prometida.

Nuestras quejas y murmuraciones en contra de Dios por cosas pequeñas pueden impedirnos entrar en el perfecto plan que tiene para nuestras vidas.

"Mirad, hermanos, que no haya en ninguno

de vosotros corazón malo de incredulidad para apartarse del Dios vivo" (Hebreos 3:12).

La causa de las murmuraciones de los israelitas era la falta de fe, y la falta de fe es la raíz de cada una de las pequeñas quejas.

La falta de fe no permitió que los israelitas entrasen en Canaán. Pero Dios quería hacer algo más que llevarles sólo a una localidad geográfica. La Tierra Prometida de Dios era también un lugar de descanso perfecto, una actitud de confianza perfecta y paz mental.

"Temamos, pues, no sea que permaneciendo aún la promesa de entrar en su reposo, alguno de vosotros parezca no haberla alcanzado... Pero los que hemos creído entramos en el reposo, de la manera que dijo: Por tanto, juré en mi ira, no entrarán en mi reposo" (Hebreos 4:1, 3).

Dios tiene un lugar de descanso perfecto preparado para nosotros ahora. Y no pienso que sea después de la muerte, sino *ahora*. El descanso en él es el estado perfecto, y en el cual podemos entrar todos por la fe. Pero, a fin de hacerlo así, tenemos que dejar nuestro pecado de incredulidad, nuestras lamentaciones, nuestras quejas, nuestras murmuraciones. La incredulidad es una ofensa seria en contra de Dios.

Son pecadores, dice Cristo, "porque no creen en mí" (Juan 16:9).

La incredulidad, como todos los pecados, es un acto deliberado de rebelión contra Dios. Podemos elegir creer o no creer. Webster define la incredulidad como "una negación de la creencia". "Incredulidad o escepticismo: una renuncia de lo que es afirmado."

Si la incredulidad es una negación de la creencia entonces somos responsables de nuestras acciones, y debemos hacer algo.

El primer paso al tratar de algún pecado es la confesión.

Durante años dije con presunción que rara vez murmuraba, esto es, raramente murmuraba en voz alta. Cultivé y mantuve una fachada sonriente, pero era en mi interior un murmurador habitual. Por supuesto, entre tanto, no pensaba que era culpable de murmuración.

Creía que mis quejas eran legítimas. Me lamentaba cuando no podía dormir bastante, y tenía que levantarme por la mañana sin haber podido descansar lo suficiente. Me quejaba en voz baja si encontraba que el cuarto de baño estaba ocupado por otro miembro de la familia; me quejaba cuando tenía que desayunar apresuradamente. Me quejaba cuando las cosas iban mal en la oficina y las personas no hacían lo que esperaba de ellas. Me quejaba del importe de las facturas; cuando mi coche no quería arrancar; cuando hallaba un semáforo en rojo en mi camino. Me quejaba cuando tenía que trabajar hasta bien tarde en la oficina y no podía ir a casa a tiempo para descansar.

Cuando, finalmente, el Espíritu Santo empezó a mostrarme lo que la Biblia decía en cuanto a dar gracias a Dios en todas las cosas, empecé a darme cuenta de que había estado haciendo lo contrario durante años y de que nunca había pensado en ello.

El primer paso hacia la rehabilitación era admitir que era un inveterado murmurador.

Creo que el modo más eficaz de tratar con nuestros pecados es ser precisos con ellos. Admitámoslos, confesémoslos, pidamos perdón a Dios, y tomemos la decisión tajante de no caer en ellos nuevamente. Entonces, pidamos a Dios que nos quite el pecado y nos dé las fuerzas para poder resistir cualquiera tentación. Por último, démosle gracias por ello y prosigamos con fe creyendo que está hecho.

Una vez que hagamos el propósito de no murmurar y prometamos, en su lugar, dar gracias a Dios por cada cosa, por pequeña que fuere, que nos hacía murmurar, entonces podremos esperar que Dios obre en nosotros.

No podemos cambiarnos a nosotros mismos de murmuradores incrédulos en creyentes agradecidos. Es Dios quien tiene que hacer el cambio. Hemos de tomar la decisión de dejar de murmurar y comenzar a alabar y dar gracias a Dios, pero es el poder de Dios el que tiene que obrar la transformación. A nosotros nos corresponde mantener nuestros ojos fijos en Jesús y agradecer a Dios por lo que puede hacer.

En la práctica, veremos que Dios ha de traer a nuestras vidas las mismas circunstancias que emplea para hacer desaparecer nuestras murmuraciones. Cuando las veamos venir, demos gracias a Dios porque está empleando los mismos incidentes para llevar el cambio en nosotros. Antes, nos hacían tropezar; ahora, nos mostrarán el poder de Dios. Servirán para aumentar nuestra fe.

Aceptando cada cosa pequeña que nos ocurre con gozo y gratitud, el poder de Dios nos librará, en nosotros y a través de nosotros, y, pronto, también experimentaremos un *sentimiento* de gozo. Pero no mire el sentimiento como un signo.

Nuestra alabanza y nuestra gratitud deben estar basadas en la Palabra de Dios, y no en nuestros sentimientos.

Una de las cosas de las que me lamenté durante varios años fue mi falta de talento musical. Cuando escuchaba bonita música, no la disfrutaba plenamente, porque siempre me hacía desear el poder tocar un instrumento o el cantar solos.

Un día estaba escuchando un concierto, y vino a mi mente esta pregunta: "¿Estás agradecido de no poder tocar un instrumento musical?"

Reconocí que la fuente de la pregunta era el Espíritu Santo, y me retorcí en mi asiento.

"No, Señor; sospecho que no."

"¿Está dispuesto a serlo?"

"Sí, Señor, lo estoy, y comprendo que éste es tu deseo en cuanto a mí. Hubieras podido darme un talento musical, y lo hubiera desarrollado, si así lo hubieses deseado, pero te doy gracias de que lo hayas dispuesto de otro modo."

Después experimenté una gran paz interior y me sentí feliz de ser tal como era.

"Lo que deseaba que aprendieras es que si pudieses tocar bonita música, podrías haber agradado a algunas personas, pero cuando alabas, siempre agradas a Dios", me dijo el Espíritu Santo.

Mi falta de talento musical no era un defecto a los ojos de Dios, sino sólo a mis propios ojos. Yo era quien no estaba satisfecho con la forma en que Dios me había hecho. Dios sí lo estaba.

Hay personas que pasan sus vidas lamentando no haber tenido un talento especial y una oportunidad para desarrollarlo. Murmuran y se lamentan interiormente porque están seguras de que hubieran podido ser estrellas de cine, personalidades en la televisión, héroes en el deporte, grandes personajes en los negocios, doctores, etc., etc.

¿Tiene usted una queja preferida en cuanto a su propia vida? ¿Piensa en su interior que si hubiera podido vivir otra vez, tendría otra posición, vecinos diferentes, un matrimonio distinto?

¿Puede aceptar el que Dios le haya colocado precisamente donde quiere que esté ahora? ¿Que no ha omitido ningún detalle? ¿Que no era impotente para cambiar lo que hizo y que ahora piensa que fue una mala elección?

Ciertamente, a veces hay cosas que son elecciones equivocadas. En este libro ya hemos hablado acerca de nuestra responsabilidad de elección y de las consecuencias de elegir bien o mal. Pero la promesa de Dios es que él hace que todas las cosas, incluidas nuestras elecciones equivocadas, obren para bien, si confiamos en él.

Es posible que usted se encuentre en un trabajo o en una situación que Dios quiere que cambie. Sin embargo, es esencial que *ahora mismo* acepte su presente situación con gozo y gratitud a Dios por ello. Como quiera que, al dar gracias a Dios por cada dificultad, sometemos a su voluntad cada cambio, él puede trasladarnos al lugar en que desea que estemos.

Recordemos. El pudo trasladar al rey pagano Ciro a un lugar perfecto en el tiempo determinado, aun cuando Ciro no conocía a Dios. De modo que puede usted estar seguro de que si Dios hubiese deseado que estuviese en otro lugar en este mismo momento, le habría situado allí. Lo que nos atañe ahora es darle gracias por donde estemos en el momento presente.

Si Dios, por su Espíritu Santo, le muestra que hizo una elección equivocada hace años, cuando deliberadamente eligió ir en contra de lo que sabía entonces era la voluntad de Dios para usted, confiésele ese deseo equivocado, pidiéndole perdón, dándole gracias y rogándole le guíe para cambiar en bien lo que hizo mal. Ponga el resto de su vida completamente en las manos de Dios y confíe que ahora Dios se ocupará totalmente de usted. Alábele *ahora* y déle gracias por sus circunstancias *actuales* exactamente como sean en cada uno de sus detalles.

Podrá notar el poder de Dios obrando muy rápidamente en sus circunsancias actuales, o podrá ver cómo el poder de Dios está transformándole en medio de las circunstancias, pero ocurra lo que ocurra, continúe dándole gracias, pues él se encargará de ello.

Un hombre de negocios, cristiano, hizo una entrega total de su vida a Cristo, y poco tiempo después perdió su empleo de ejecutivo, que estaba bien remunerado. El hombre buscó otro trabajo pero a causa de ciertas dificultades en la esfera de sus actividades, no le fue posible rehacer su anterior situación. Su familia sufrió en el orden económico, y la ansiedad se aumentó cuando las cuentas se iban amontonando, y sus oraciones no parecían tener respuesta.

Llevaba ya un año sin trabajo cuando oyó hablar un sábado por la noche acerca de ser agradecidos por todas las cosas. De repente comprendió que probablemente, Dios tenía un motivo al haberle concedido otro trabajo, y empezó a darle gracias por su situación y por todas las dificultades por las que atravesaba su familia.

Durante todo el día siguiente, domingo, continuó alabando a Dios, y pudo darse cuenta de que iban desapareciendo sus temores y resentimientos referenes a su situación. En su lugar, empezó a sentir verdadero gozo.

El lunes, por la mañana, sonó su teléfono. Era otro ejecutivo que le ofrecía empleo.

—Sí, estoy a su disposición —contestó.

—¿Cuándo podría empezar?

—Mañana mismo.

—Entonces, venga aquí a las nueve, dispuesto a comenzar.

Su nuevo trabajo estaba muy bien retribuido, pero lo más importante era que estaba en contacto directo diariamente con grupos de hombres de negocio. Su testimonio de Cristo hizo que, uno tras otro, llegaran a entregarse al Señor como su Salvador.

Este hombre de negocios me dijo: "Mientras yo albergaba temor y resentimiento por mi situación, estaba impidiendo que Dios realizara en mi vida lo que se proponía. Tan pronto como deposité toda mi confianza en él y le alabé por lo que había hecho en mi vida, pudo situarme donde él deseaba."

Una joven maestra estaba pasando sus vacaciones de verano en las montañas cuando se le envió una carta de la oficina del Superintendente pidiéndole que se presentara para asistir a una conferencia referente a las asignaturas para el siguiente año. Ella no recibió la carta, y al no asistir a la conferencia, su trabajo le fue dado a otra persona. Cuando volvió de sus vacaciones, se enteró que estaba sin empleo.

Su primer impulso fue de pánico, y pensó volver a casa de sus padres, en otro estado. La escuela debía empezar dos semanas después, y, en el distrito, no había otros trabajos y ella tenía elevados compromisos financieros de sus tiempos de estudiante.

Esta señorita acababa precisamente de leer *El secreto del poder espiritual* y reconoció su presente situación como una oportunidad para practicar lo que, al leer el libro, había aprendido. Deliberadamente calmó su pánico, dio gracias a Dios por haber perdido su trabajo y le dio gracias por su plan perfecto.

Durante dos días alabó a Dios, luchando con cada tentación de desesperanza. Al tercer día, una vecina habló con ella a través de la valla del jardín.

—Realmente debería enseñar usted en una escuela cristiana —dijo—. ¿Por qué no habla usted con el director de la escuela a la que va mi hijo?

Así lo hizo la joven maestra, y coincidió que había quedado vacante un puesto de maestra del primer grado. Tuvo una entrevista con el director, y obtuvo el puesto.

"Yo sabía que Dios podía vencer la situación porque confié en él lo suficiente como para alabarle", manifestó. "Si hubiese hecho caso de mi antigua costumbre de dejarme llevar por el pánico y haber corrido a la casa de mis padres, estaría aún sin empleo, murmurando de Dios por no preocuparse de mí."

En su nuevo empleo se hallaba mucho mejor que en el anterior. Tenía la oportunidad de hablar libremente de su fe en la clase, y podía orar abiertamente con algunos niños que tenían problemas en su conducta.

Dios tuvo un plan y un lugar perfectos para la joven maestra y para el hombre de negocios cristiano. Cerró las puertas de los empleos que habían tenido y abrió las adecuadas cuando confiaron en Dios y le alabaron por su situación. El resentimiento y el temor, la murmuración y la lamentación, ocasionan retrasos en el desarrollo del plan de Dios. El tiene un plan perfecto del tiempo, y nosotros tenemos que darnos cuenta de que su forma de contar el tiempo no siempre coincide con la nuestra.

Siempre he sido muy puntual, y me sentía orgulloso por mi habilidad en organizar y aprovechar "el tiempo del Señor". Entonces un día me encontré en un avión rumbo hacia El Paso, Texas, donde tenía que hablar en una Convención de hombres de negocio. Estaba nervioso, mirando mi reloj. Eran las 2:30 de la tarde y la reunión era a las 2. ¿Qué podía haber de bueno en llegar tarde a un compromiso? Lo dudaba.

"¿Por qué lo has permitido, Señor?", pregunté con tono irritable. La única contestación fue otra pregunta: "¿Estás agradecido por llegar tarde?"

"No es ésta la cuestión", argumenté. "Esta pobre gente que ha arreglado que viniese y han pagado mis gastos, me esperan a la hora. Son los únicos que tendrán que aprender a ser agradecidos."

"¿Estás agradecido?", persistió el pensamiento.

De repente, comprendí claramente la verdad. "No estaba preocupado realmente por el interés de las personas que habían de reunirse.

Yo era el que estaba contrariado. No estaba confiando en que Dios tenía bien dispuesta la situación. Estaba murmurando y argumentando sobre su disposición de mi tiempo."

"Lo siento, Señor", susurré. "Creo que tú sabes mejor disponer del tiempo. Si permites que llegue tarde, será parte de tu plan perfecto y te doy gracias por ello. Te entrego la disposición de mi tiempo, y confío que lo cambiarás para bien."

Me recosté en mi asiento sintiéndome más relajado. Mi reloj marcaba las 2:45, pero estaba totalmente tranquilo. En ese momento pasó delante de mí la camarera, y al fijarme en su reloj, vi que marcaba la 1:45.

Me levanté del asiento, y le dije: —Señorita, veo que su reloj marca la 1:45. ¿Está segura de que es ésa la hora?

—Sí, señor, así es. Acabamos de pasar de zona y en ésta es ahora la 1:45 de la tarde.

Me sonreí. "Gracias, Señor, por enseñarme lo necio que es preocuparse por el tiempo."

El avión seguía volando y eran entonces las 2 de la tarde. Volví a estar preocupado. Las 2:15 era la hora de su aterrizaje en El Paso, pero parecía que iba a llegar algo más tarde.

"Señor, lo siento, pero estoy impaciente", refunfuñé. "Nunca he llegado tarde y no comprendo por qué permites que ahora suceda así."

"¿Estás agradecido?"

"Está bien, Señor", dije. "Quiero estar agradecido. Gracias de que ahora sean las 2:20 de la tarde, y esté exactamente donde estoy."

Cuando salí del avión eran las 2:25 de la tarde. Cogí de mi bolsillo la tarjeta de la Convención para mirar las señas, y mis ojos se fijaron en la hora de la reunión: 2:30 de la tarde.

Detuve al primer taxi: *Esto es maravilloso, Señor*, pensé. *Has tenido que darme una lección en cuanto a confiar en la disposición de mi tiempo, sin afectar a nadie más.* (Incidentalmente, *siempre* es el medio que Dios emplea. Podemos pensar que otros son molestados por nuestras faltas, pero Dios tiene un perfecto control de nuestras vidas. Les ama y nos ama.)

El taxista me miró y me dijo: —¿A dónde, señor?

—Al Hotel Paso Hilton —le contesté apresuradamente—. Necesito estar allí lo más rápidamente posible.

—Ahí está —me respondió—. Precisamente en frente de usted.

Atravesé la puerta del Hotel dirigiéndome a la Sala de Conferencias y miré, extrañado, mi reloj. Eran justamente las 2:30 de la tarde. Los hombres se dirigían hacia la mesa del orador y me fui detrás de ellos para ocupar mi asiento.

El horario de Dios es exacto hasta el minuto. ¡Cuán grande es saber que estamos en la lista de Dios!

Entréguele la administración de su vida. Les llevará donde él quiera que esté, a la hora que quiera que esté, si confía en Dios. Su plan es bueno para cualquier compromiso y para toda hora. Dios no fuerza su horario en nosotros, pero si le confiamos nuestro tiempo y nuestros días, lo arregla de modo que estemos donde desea que estemos a su tiempo.

Esto no significa que podamos sentarnos cómodamente y decir: "Si el Señor quiere que esté allí, tendrá que arreglarlo. Yo me quedo tranquilamente aquí y descansaré hasta que él me mueva."

Tenemos que hacer lo que a nosotros nos corresponde, esto es, *no* preocuparnos en cuanto al tiempo. Tenemos que hacer todo lo mejor posible, levantarnos temprano por la mañana, preparar con tiempo nuestros compromisos, dar luego gracias a Dios por lo que pueda ocurrir, aun si nos dormimos, o nos retrasamos involuntariamente, o somos estorbados por un vecino charlatán o un muchacho pedigüeño.

Dios tiene un doble propósito en enseñarnos a confiar y alabarle en todas las cosas. Su poder se manifiesta en *nuestra* situación y también lleva a otros a él.

Una vez trabajaba con un Director de Coro que era muy minucioso. En cuanto a la música planeaba cada detalle y lo realizaba con toda precisión en los cultos, pero el Director del Coro siempre ejecutaba bajo un esfuerzo, y transmitía su tensión al Coro. Quienes lo componían cantaban con todo esmero, pero sin gozo.

Un día entró en mi despacho el Director del Coro para charlar un rato.

—Bob, creo que estaría usted más descansado y tendría más gozo en su música si usted comenzase a dar gracias a Dios por cada cosa que le ocurra —le dije.

Me miró en silencio durante unos instantes y, después, contestó: —He estado observándole estos seis meses. Al principio pensé que usted fingía. No podía uno estar siempre alegre —dijo él sonriendo—. Yo cometí varias equivocaciones con el Coro pero usted siempre reaccionaba con alegría... No comprendo cómo lo puede hacer, me gustaría tener la misma actitud.

Estuvimos charlando hasta el momento del ensayo y Bob se marchó corriendo de mi despacho. No tuvo tiempo para prepararse, y yo me pregunté cómo respondería al inesperado reto.

Después me contó lo siguiente. —Yo estaba realmente nervioso pensando en toda la música y el material que no había preparado, pero luego comprendí: Esta es, exactamente, la clase de situación sobre la cual hemos estado hablando respecto a dar gracias a Dios por ello, así que le di gracias. Precisamente entonces llegaron cuatro miembros del Coro. Habían llegado al ensayo antes de tiempo y preguntaron: "¿Qué podemos hacer para ayudarle a prepararse?"

Nunca hasta entonces había ocurrido algo semejante en los meses que llevaba dirigiendo el Coro.

"Yo estaba extrañado. Gracias, Dios mío, oré. Realmente has arreglado este problema rápidamente."

El resto del día Bob estuvo semiaturdido. Nunca se había dado cuenta de que Dios se ocupaba personalmente de los detalles de su vida, y de que el poder de Dios se manifestaba tan pronto como cediese y estuviera agradecido en cada circunstancia. Este descubrimiento cambió completamente la actitud de Bob en su ministerio de la música.

La próxima vez cantó un solo y cometió varias equivocaciones, algo que otras veces le hubiera disgustado mucho. Pero en lugar de ponerse más nervioso con cada mala nota, dio gracias a Dios por permitir que eso sucediese. Como resultado, experimentó un gozo creciente al progresar el canto, y nosotros que le escuchábamos, pudimos ver la felicidad que irradiaba de su rostro, y apreciamos un nuevo gozo en su manera de cantar.

Las relaciones de Bob con la congregación cambiaron totalmente. Antes, nos saludaba con un "¡Hola!"; ahora, sonreía y decía: "¡Buenos días! ¿No hace hoy un día estupendo?"

Puede no parecer pecado poner una cara seria, hasta que consideremos qué expresa todo lo contrario de una fe gozosa y llena de esperanza y, por lo tanto, es precisamente una actitud de incredulidad.

Todos conocemos la expresión: "Todos tenemos nuestros días buenos y nuestros días malos." Esta es una manera de pensar, descuidada, y aun peligrosa, porque sugiere que los días buenos y los días malos son algo normal en la vida cristiana. La Biblia nos dice que nuestras circunstancias *exteriores* pueden ser mejores o peores, pero que nuestra actitud *interior* debe ser un estado permanente de gozo en Cristo.

San Pablo, hallándose encarcelado, escribió así:

"He aprendido a contentarme, cualquiera que sea mi situación. Sé vivir humildemente, y sé tener abundancia; en todo y por todo estoy enseñado, así para estar saciado como para tener hambre, así para tener abundancia como para padecer necesidad. Todo lo puedo en Cristo que me fortalece" (Filipenses 4:11-13).

No siempre nos damos cuenta de las consecuencias por no saber ser agradecidos en las cosas pequeñas, pero una vez tuve que aprender una seria lección.

Era una mañana de mucho trabajo en la capellanía de Fort Benning y todo parecía marchar mal. El encargado no había repartido el trabajo y nadie parecía saber qué tenía que hacer. Los teléfonos sonaban, el trabajo se amontonaba y yo empecé a impacientarme con el hombre que no había informado a nadie de lo que debía hacer. Desde luego, mi actitud no logró que llegase el hombre, ni hizo mejorar la situación. Estuve gruñendo en voz baja casi todo el día.

Al día siguiente, volvió el hombre y explicó que había ido al hospital donde le habían dicho que tenía cáncer. Asustado por la noticia, se fue a su casa donde estuvo todo el día en la cama, no sabiendo si volvería a levantarse de nuevo.

Sentí profundo remordimiento. Estuve preocupándome por el retraso insignificante en la oficina, en lugar de dar gracias a Dios por el hombre que estaba ausente. Mi mal humor me había impedido que ese día pudiera ser el canal para el amor y el poder de Dios, en beneficio de ese hombre enfermo.

Es importante que aprendamos a responder con confianza y alabanza en todas las situaciones, sean o no aparentes para nosotros las consecuencias. Cuando aprendemos a tocar el timbre de la alabanza en lugar del timbre del pánico, nuestras vidas y nuestras actitudes cambian, aunque la situación que nos atañe sea un caso dramático o una simple irritación.

Una vez un hombre volvía a casa de su trabajo por una carretera helada. El no se dio cuenta de las condiciones de la carretera y resbaló ante la señal de parada y fue a dar su coche contra otro coche. No hubo ningún herido, pero los coches resultaron muy averiados, y el conductor responsable estaba enfadado consigo mismo por haber cometido una falta tan estúpida. Entonces, recordó haber leído recientemente acerca de la alabanza a Dios por cada cosa.

"Gracias, Señor, por este accidente", oraba.

Inmediatamente, oyó una voz que le susurraba al oído: "No sea usted estúpido. Usted ya ha hecho una mala equivocación. ¿Va a hacerlo peor si pretende estar dichoso a causa de ello?"

"Si doy gracias a Dios lo veré", persistió el hombre. Continuó dando gracias por el accidente, aunque nada dramático hubiese sucedido. El otro conductor no fue llevado a Cristo, y nadie parecía reaccionar en el garage ante esa actitud gozosa.

De modo, ¿cuál fue la diferencia en su forma de reaccionar?

Según fue avanzando el día, algo verdaderamente notable ocurrió *en* el hombre. Cuanto más daba gracias a Dios, tanto más se apoderaba de él una paz interior. Hacia el mediodía descubrió algo como si allá dentro de él, surgiese una risa, y cada vez que repetía las gracias a Dios por el accidente, se sentía cada vez más relajado, como un desligar de nudos apretados.

El había sido un cristiano corriente, pero desde dicho día, su vida iba a ser diferente. Había entrado en una nueva dimensión de vida victoriosa en Cristo, y todo a causa de su determinación en reconocer la mano de Dios en algo que, al principio, pensó que era una propia falta estúpida y un caso de mala suerte.

Otro hombre me oyó hablar de alabar a Dios en todo y prometió a Dios que, desde ese momento, sería agradecido por cada cosa que le ocurriese.

El y su familia volvían de una reunión en medio de una tempestad de nieve, y con una temperatura de bajo cero. Llegaron a casa, ya entrada la noche, y al atravesar la puerta, se dieron cuenta de que algo andaba mal. La casa estaba helada, y la caldera de la calefacción se hallaba apagada.

La familia subió las escaleras mientras que el hombre bajó al sótano para ver la caldera. El no entendía nada de calderas y no tenía ni idea de lo que podía andar mal.

Se quedó inmóvil frente al sistema de calefacción frío y silencioso, y su primer impulso fue orar a Dios para que le ayudase a ponerlo otra vez en marcha. Sin calefacción en la casa, tendría que llevar a su familia a un refugio cálido durante la noche.

Luego, le vino el pensamiento: "¿Está ahora agradecido?"

Tuvo que admitir que había estado demasiado desconcertado con su casa fría y la familia helada, como para estar agradecido.

"Lo siento, Señor, lo olvidé", oró. "Pero sé que lo has hecho para nuestro bien, así que quiero darte las gracias por la caldera, tal y como está".

En ese momento, vino a mi mente una sugerencia muy clara: "Revise el ventilador."

"¿El ventilador? ¡No sé dónde pueda estar!"

"Mire detrás de esa placa, a la derecha", le vino a la mente.

Encontró un destornillador y empezó a quitar la placa. De repente, le pareció ridículo todo aquello. ¿Estaba imaginándoselo? ¿Estaba realmente el ventilador detrás de la placa? Pero si Dios estaba verdaderamente obrando al darle esta clase de ayuda, no podía detenerse ahora, pensó.

Sus manos estaban entumecidas por el frío, pero la placa se soltó, y allí estaba el ventilador.

"Y ahora, ¿qué?", exclamó.

"Busque la correa del ventilador; está suelta."

Estaba demasiado oscuro para ver dentro de la instalación, así que buscó la linterna y alumbró el lugar. Allí estaba la correa del ventilador, suelta. La colocó sobre la flecha de mando en el ventilador, y sacó la mano por la estrecha abertura. La calefacción seguía fría y silenciosa.

"Y ahora, ¿qué?", volvió a orar.

"Dé vuelta al interruptor", le fue sugerido. Tan pronto como dio vuelta al interruptor, la calefacción empezó a funcionar y el hombre subió las escaleras corriendo para contar a su familia cómo Dios les había bendecido por medio de un sistema de calefacción que no funcionaba.

Si no hubiese respondido a la crisis alabando a Dios y esperando en que él habría de obrar todo para bien, su familia y él mismo habrían sufrido las consecuencias del frío. La calefacción que no funcionaba fue una oportunidad dada por Dios para aprender en la práctica que la alabanza manifiesta el poder y la dirección de Dios.

Después del incidente de la calefacción, la vida del hombre fue cambiada. Comenzó a escuchar la voz de Dios en todas las circunstancias y ahora se ha desarrollado en él una sensibilidad, poco frecuente, a los dictados del Espíritu Santo. Su oído atento a la dirección de Dios, ha hecho de él un canal para el poder de Dios también en las vidas de otros.

El primer paso fue un acto de fe, creyendo que un sistema de calefacción frío en una noche helada y oscura era una expresión del interés amoroso de Dios por su bienestar y el de su familia. Hubiera podido dejar pasar esa primera oportunidad, y estoy seguro de que Dios hubiera provisto otros retos. Usted yo tenemos que enfrentarnos con oportunidades, pero debemos reconocer la mano de Dios en cada situación de nuestra vida diaria. ¿Cuántas oportunidades dejamos pasar?

El resultado de nuestras reacciones es acumulativo. Con cada paso positivo de fe, se hace más fácil creer. Del mismo modo, cada vez que le permitimos a la incredulidad negar la presencia y el amor de Dios en una situación difícil, los resultados negativos se aumentan y se hace muchísimo más difícil dominar nuestra voluntad para ejercitar la fe. Cuanto más murmuramos, tanto más nos enredamos en la trama de la derrota. Muchas pequeñas murmuraciones contribuyen a hundirnos en las montañas de la depresión.

Una enfermera cristiana escribe sobre los años que había pasado en la miseria.

"Las cosas pequeñas siempre me molestaban e irritaban. Gradualmente, mi vida iba haciéndose cada vez más miserable. Oré a Dios que me ayudase, pero no ocurrió nada. Empecé a tomar píldoras por la mañana para poder trabajar, y píldoras por la noche para poder dormir. Cada día comenzaba con la agonía de tener que levantarme. No podía arreglarme con el propio trabajo de mi casa. En el Hospital estaba quebrantándome por el esfuerzo del cuidado a los pacientes.

"Cada día era peor que el otro. Hasta no podía hacer cosas pequeñas que había hecho con facilidad algunos meses antes. Estaba hundiéndome en tal depresión que pedí a Dios me dejase morir. El vivir era casi un infierno.

"Entonces un día leí *El secreto del poder espiritual.*

"Fue como una luz de esperanza", que entrase en mí, escribió. "Determinó alabar a Dios por cada cosa, y hacer una lista de cosas por las cuales debía dar gracias a Dios, empezando con las circunstancias que le habían ocasionado tanto esfuerzo. Los resultados empezaron a demostrarse.

"Todo lo que ahora pienso es que *un cambio maravilloso se ha operado en mi vida, desde que Jesús vino a mi corazón.* Ya no tengo más el terrible miedo del fracaso pendiendo sobre mí. Las cosas ya no me irritan ni me molestan. Cuando parecen ponerse mal, miro hacia arriba, y digo: "Gracias, Señor." Y, realmente, esto pone un cántico en mi corazón."

Tanto si está usted rodeado por lo que le parecen montañas de acumulada miseria, como sólo por un pequeño montículo, pero que le irrita, la crisis es la misma. Confiese sus quejas o murmuraciones como un pecado, y prometa a Dios que, desde ese momento en adelante, usted estará agradecido.

Cuando tome usted la decisión y determine permanecer en fe, Dios proveerá la fuerza para que lo lleve a cabo. Una vez que haya hecho usted su compromiso, se presentarán las oportunidades para darle gracias a Dios.

En un retiro, cerca de Fort Benning, varios jóvenes hicieron promesa de dar gracias a Dios por todas las cosas. Al día siguiente, a uno de ellos, le fue dada la noticia de que su tío favorito había muerto en un accidente de tractor en su granja. Inmediatamente, vino al soldado este pensamiento: ¡Veremos qué es lo que va a pasar! Has hecho el compromiso de alabar a Dios. Tu tío no era ni siquiera cristiano.

El soldado reconoció la fuente de este pensamiento y resistió la tentación de lamentarse a Dios por la muerte de su tío. En vez de eso, oró: "Señor, tú sabes cuánto quería a mi tío, pero tú le amabas más, así que has tenido razón para permitir que muriese. Sólo quiero darte las gracias y alabarte por haber hecho lo que era lo mejor.

El soldado experimentó una paz en cuanto a la muerte de su tío, pero era incapaz de desechar la inquietud por su primo quien, precisamente, hacía poco tiempo que había aceptado a Cristo como su Salvador. ¿Cómo responderá ante la muerte de su padre? El soldado quería ir a casa para el culto fúnebre, a fin de dar algún consuelo a su primo, pero no pudo obtener permiso.

"Señor —oró— "tú sabes lo que le sucede a mi primo, pero quiero darte las gracias por no poder ir." Pensó llamar por teléfono a su casa y decir a sus padres que, en su nombre, le dieran el pésame, y, así, fue a una cabina para hablar por teléfono.

Cuando, al otro lado del hilo telefónico, contestó una voz, reconoció enseguida a su primo.

"¿Cómo te encuentras?", le dijo un poco sorprendido.

"Doy gracias al Señor —fue la respuesta—. Todos nos gozamos de que papá aceptara a Cristo algunos días antes del accidente. Pudo decir a todo el mundo lo que Dios había hecho por él, y sabemos que fue la voluntad de Dios el que marchase al cielo ahora."

El soldado volvió a su retiro para participar a otros lo que le había ocurrido. La mujer de un capellán que estaba allí prometió a Dios darle gracias por todo lo que le sucediera en su vida.

Volviendo ella esa noche en coche a su casa, tuvo su primera oportunidad. En dieciocho años conduciendo un coche nunca había tenido una multa de tráfico. Pero esa vez un policía que la había estado siguiendo a distancia le ordenó que detuviera el automóvil y le entregó la multa por haber pasado una señal sin hacer la debida parada.

Ella le explicó al policía que se había equivocado. Otro coche, que se parecía mucho al de ella, era el que no se había detenido en la intersección. Había pasado velozmente junto a ella, parada ante aquella señal. El policía no creyó su historia y el primer impulso de esta señora fue el de enfadarse y quejarse por aquella injusticia. Entonces, se acordó de su promesa de dar gracias en todas las cosas.

Oró así: "Señor, confío que ésta es tu voluntad, y te alabo por esta experiencia." Al hacer esto, se dio cuenta de que todo su ser estaba inundado de gozo.

Al día siguiente, volvió al retiro y nos contó lo que le había sucedido.

"¿No es esto maravilloso?", decía. "No necesitamos preocuparnos por ser tratados injustamente. Aun *esas* circunstancias nos son fuentes de gozo y de fuerza cuando vemos la mano de Dios en ello y le damos las gracias.

Otros son guiados a Cristo cuando alabamos a Dios. Si nos quejamos y lamentamos tan amargamente como nuestros amigos no cristianos por los pequeños disgustos e incidentes de cada día, otros podrán pensar que nuestra fe no nos ayuda más que a los que no la tienen. De no ser que ellos puedan ver, en los pequeños detalles de la vida diaria, que el creer en Cristo supone una diferencia, ¿cómo podemos esperar de ellos que crean cuando vemos que necesitan a Cristo?

No es lo que digamos sino lo que somos y lo que hacemos, lo que lleva a otros a una vida con Cristo en nosotros. No obstante, esto es más aparente que en nuestra vida diaria. ¿Cómo debemos reaccionar ante las dificultades y retrasos en el trabajo, en las emergencias, y en los encuentros de cada día? ¿Reaccionamos de tal modo que nadie puede ver algo diferente en nosotros y, por tanto, no les hace reaccionar y decir: Algo hay diferente en esta persona? ¡Tiene algo que yo necesito!

Un matrimonio leyó *El Secreto del poder espiritual* y se convenció de que Dios deseaba que estuvieran agradecidos por cada cosa. Una noche, se despertaron a las dos y media de la madrugada por un ruido de cristales que se rompían. El marido miró afuera, y pudo ver que todas las ventanas de su coche habían sido rotas por un grupo de muchachos que escaparon rápidamente por la esquina de la calle.

El matrimonio reconoció que Dios les daba una oportunidad para alabarle, y se arrodillaron delante de la cama dándole gracias por lo que había ocurrido.

Al día siguiente, el esposo llevó el coche a un taller y explicó lo que había sucedido.

—Doy gracias a Dios —dijo— porque sé que él tiene un propósito en todo esto.

El dueño del taller movió la cabeza.

—Si algo parecido me ocurriese, trataría de que a esos muchachos les hiciesen pagar lo que habían hecho —contestó.

El cliente sonrió. —No es necesario —replicó—. Dios se encargará de esta situación. No necesito molestarme por ello.

El dueño del taller le miró extrañado y, después de un rato, dijo: —He sido creyente durante muchos años, pero nunca he oído que haya que alabar a Dios por un acto de vandalismo.

Estuvieron hablando un rato acerca de esto, y, luego, le habló el cliente acerca del bautismo del Espíritu Santo y del poder de Dios que obra por medio de la alabanza.

—Veamos —dijo el dueño del taller— he oído acerca del bautismo del Espíritu Santo hasta ponerme enfermo. Tengo un cliente que no habla más de esto. Pero hábleme más acerca de la alabanza a Dios. Esto parece interesante.

El cliente le explicó que comprendía que los dos asuntos eran uno solo, ya que los dos tienen que ver con la completa confianza y el compromiso con Dios. Al final, el dueño del taller aceptó una invitación para asistir a una reunión de hombres de negocio, y en la misma experimentó el bautismo del Espíritu Santo.

Después se comprometió a alabar a Dios por cada cosa y el primer ejemplo en su lista fue su propio negocio. El había estado deslizándose desde hacía dos años hacia la quiebra.

La tarde siguiente uno de sus empleados vino con malas noticias; había tenido un accidente destrozándose un camión. Esto pudiera ser el último golpe para hacer caer el negocio.

El dueño del taller miró a su joven empleado, quien estaba pálido, temblando, esperando obviamente una explosión de mal humor de parte de su jefe. En su lugar, el dueño sonrió, puso su brazo alrededor de la espalda del joven, y dijo:
—¡Alabemos al Señor por ese accidente y confiemos que todo obrará para bien!

Fue presentado el oportuno parte a la Compañía de Seguros, y el dueño del taller tuvo que asombrarse de que la liquidación que le pagaron le permitió abonar facturas urgentes, que tenía pendientes de pago. El accidente fue el punto decisivo en su negocio. Desde entonces, empezaron a aumentar sus beneficios. Pero aún fue un punto más decisivo en la propia vida del dueño del taller, quien experimentó un gozo y una paz en todas las áreas de su vida. Además, muchos de sus clientes llegaron a conocer a Jesucristo como su Salvador, porque fueron impresionados con su gozo constante.

Cuando el gozo de Cristo se manifiesta en nuestra vida, otros son atraídos a él.

Una vez, después de una reunión, ya algo tarde, entré en un restaurante y pedí un vaso de leche. La camarera sonrió y fue a la cocina para buscarlo. Un momento después volvió con señal de enfado en su rostro.

—Lo siento mucho, señor, pero alguien ha cerrado con llave el refrigerador, y no puedo servirle la leche.

—¡Gracias a Dios! —respondí automáticamente, y la camarera me miró extrañada.

—¿Por qué dice usted eso?

—He aprendido a dar gracias por cada cosa porque creo que Dios hace que todas las cosas contribuyan para bien si dejamos que así lo haga.

—¿De qué iglesia es usted? —preguntó incrédula.

—Metodista.

—Bueno, yo soy bautista, pero jamás he oído que debiéramos estar agradecidos por cosas como ésa.

—¿Es usted una bautista creyente?

—Bueno —titubeó— creo que lo soy, pero nunca estoy segura.

—Puede usted estar absolutamente segura —dije—. Jesús vino al mundo para darnos vida eterna como un don gratuito. Todo lo que tenemos que hacer es pedirle que perdone nuestros pecados y, luego, creer que él lo hace. Me gustaría orar con usted y pedirle a Dios que le conceda ese don gratuito, si usted así lo desea.

La camarera asintió ansiosamente: —Sí, señor, lo desearía.

Le puse la mano en el hombro, inclinamos las cabezas, y, allí en el restaurante vacío, unos minutos después de la medianoche, oré para que Dios avivara su fe y le diese la seguridad de la vida eterna por medio de Cristo.

Las lágrimas le corrían por su rostro.

—Nunca he experimentado nada así —dijo ella—. Siento como si se me quitara un gran peso de mi espalda. Ahora creo que verdaderamente soy cristiana.

Puede parecer inconsecuente dar gracias a Dios por no poder conseguir un vaso de leche, cuando yo así lo deseaba, pero es necesario aprender a dar gracias a Dios por cada cosa pequeña, pues Dios usará esa alabanza para llevar personas desgraciadas, cansadas, a Cristo. Y él puede tornar su carga de preocupaciones y de ansiedades en un puro gozo y paz.

Yo estaba sentado en el Aeropuerto de Atlanta, esperando subir a un avión, cuando de repente tomó una persona extraña mi maletín que había puesto a mi lado sobre una mesita baja. Había dejado abierta la cerradura, y el contenido del maletín se esparció por el suelo. Retuve el impulso de enfadarme con el extraño y murmuré: "Sí, Señor, te doy gracias por ello y sé que tienes alguna razón para permitir que ocurriese."

El extraño, desconcertado, se disculpó y empezó a recoger todo lo que había quedado desparramado por el suelo. Cuando me acerqué para ayudarle, me miró, y me dijo: —¿No me conoce usted, verdad?

—Lo siento, pero no recuerdo.

Me contó que me había visto brevemente hacía algunos meses, y que ahora estaba paseándose por la Terminal, cansado, y algo desanimado, pidiendo a Dios que le guiara hacia alguien que le pudiese ayudar.

—Le vi, y tomé su maletín para poderme sentar a su lado —dijo—. Ahora sé que Dios me guió hacia usted. ¿Puede explicarme cómo se quedó sin enfadarse cuando le eché todas sus cosas por el suelo?

Yo estaba más que feliz diciéndole cuán maravilloso es confiar en que todas las cosas contribuyen para bien si amamos a Dios, y que pequeñas experiencias como una maleta volcada son oportunidades para agradar a Dios y esperar que él obre.

El hombre se mostraba asombrado y me hizo varias preguntas. Cuando llegó el tiempo de tomar mi avión para marchar, me dijo: —¿Podría ir a Fort Lauderdale, Florida, como mi huésped, pero lo antes posible?"

A mi vez tuve que extrañarme. Había rogado a Dios que me proporcionase una oportunidad para ir a Fort Lauderdale, pues había oído mucho acerca de lo que Dios había hecho en las vidas de los creyentes allí.

San Pablo escribió así a los creyentes de Filipo:

"Haced todo sin murmuraciones y contiendas, para que seáis irreprensibles y sencillos, hijos de Dios sin mancha en medio de una generación maligna y perversa, en medio de la cual resplandecéis como luminares en el mundo; asidos de la palabra de vida, para que en el día de Cristo yo pueda gloriarme de que no he corrido en vano, ni en vano he trabajado... Por lo demás, hermanos, gozaos en el Señor. A mí no me es molesto el escribiros las mismas cosas, y para vosotros es seguro" (Filipenses 2:14-16; 3:1).

Es nuestra falta de murmuraciones y nuestra felicidad en Cristo lo que nos capacita para resplandecer como luminares, asidos de la Palabra de Vida en un mundo oscuro. Esto era cierto, entonces, en Filipo, y es cierto hoy día.

Dejemos nuestras murmuraciones y alabemos al Señor por cada cosa oscura y torcida que veamos a nuestro alrededor. Hagámoslo, y esperemos que la luz de Dios penetre en la oscuridad.

7

El gozo del Señor

"El gozo de Jehová es vuestra fuerza", dijo el profeta Nehemías (Nehemías 8:10).

No es extraño que Jesús estuviera tan preocupado de que sus discípulos entendiesen que vino, no sólo a obtener su salvación por medio de su sacrificio en la cruz, sino también a proporcionarles el poder de su gozo.

"No habéis intentado esto antes" —les dijo Jesús. "Pero, empezadlo ahora. Pedid en mi nombre, y recibiréis, para que vuestro gozo sea cumplido" (Juan 16:24).

¡Al pedir, el gozo del Señor es nuestro!

Jesús oró por nosotros antes de ser prendido: "Para que tengan *mi gozo* cumplido y perfecto, para que puedan experimentar *mi delicia* cumplida en ellos, y mi gozo sea perfecto en sus propias almas, para que tengan mi felicidad en sus corazones" (Juan 17:13).

Cada cristiano nacido de nuevo sabe que su salvación es un don gratuito. Nació de nuevo por el Espíritu Santo cuando aceptó a Jesucristo como su Salvador, por la fe. Muchos cristianos han llegado al convencimiento de que hay más que ser nacidos de nuevo como un hijo de Dios, en el don gratuito de Dios. El bautismo en el Espírtiu Santo puede ser pedido por la fe. Pero muy pocos de nosotros parecemos habernos dado cuenta de que Jesús nos ha provisto ya de su gozo. Esto ha de pedirse en fe con las demás cosas.

Si el gozo del Señor es nuestra fortaleza, entonces no es algo que llega al fin de una lista de logros. Es algo que necesitamos desde el principio, algo para confortarnos en nuestra labor de llevar las buenas nuevas alrededor del mundo.

San Pablo les escribió a los corintios: "No que nos enseñoreemos de vuestra fe, sino que colaboramos para vuestro gozo; porque por la fe estáis firmes" (2 Corintios 1:24).

El apóstol no pensaba hacerles felices llevándoles hermosos obsequios o proporcionándoles circunstancias agradables. Pretendía recordarles acerca del gozo que ya les había sido dado. Quería que practicasen el gozo cultivado, el que había sido plantado en ellos por el Espíritu Santo.

Pablo sabía que las circunstancias exteriores de un testimonio cristiano activo serían siempre la de estar llenos de pruebas y de dificultades. Su fuente de gozo era su permanencia interior en Cristo.

"El Espíritu Santo, por todas las ciudades, me da testimonio, diciendo que me esperan prisiones y tribulaciones. Pero de ninguna cosa hago caso, ni estimó preciosa mi vida para mí mismo, *con tal que acabe mi carrera con gozo*, y el ministerio que recibí del Señor Jesús, para dar testimonio del evangelio de la gracia de Dios" (Hechos 20:23, 24).

Si ya nos ha sido dado el gozo por Jesús, ¿por qué viven la mayor parte de los cristianos vidas sin gozo?

Jesús oró para que su gozo fuese perfecto en nosotros. Lo que significa es que no podemos, por nuestras propias fuerzas, llenarnos de gozo, como no podemos tampoco salvarnos, ni darnos paz, o hacernos más llenos de amor. Lo que *podemos* hacer es aceptar confiadamente lo que Jesús ha hecho por nosotros, y desear que perfeccione su gozo en nosotros.

Prácticamente, esto significa que deliberadamente queremos practicar este gozo, sin tener en cuenta lo que sintamos, confiando que entonces, Dios obrará, transformando nuestra tristeza en un gozo puro, tal como lo ha prometido.

Amor, gozo y paz, son parte del fruto del Espíritu Santo en nosotros. Jesús les dijo a sus discípulos cómo debían cultivar este fruto.

"Como el Padre me ha amado, así también yo os he amado; permaneced en mi amor. Si guardareis mis mandamientos, permaneceréis en mi amor; así como yo he guardado los mandamientos de mi Padre, y permanezco en su amor. Estas cosas os he hablado para que mi gozo esté en vosotros, y vuestro gozo sea cumplido" (Juan 15:9-11).

La fuente de gozo no era por encontrarse en circunstancias felices, sino por conocer los mandamientos de Jesús, obedeciéndolos y permaneciendo en él.

El profeta Jeremías escribió así: "Fueron halladas tus palabras, y yo las comí; y tu palabra

me fue por gozo y por alegría de mi corazón"
(Jeremías 15:16).

Ciertamente, el gozo es algo que debemos sentir. Es una experiencia feliz y agradable. Pero el gozo no depende de nuestros sentimientos. No hemos de gozarnos porque nos sintamos alegres, sino más bien podemos sentirnos eventualmente alegres como resultado de nuestro gozo.

David aprendió el secreto del gozo. "Alegraos con temblor", escribió en el Salmo 2:11. "Luego levantará mi cabeza sobre mis enemigos que me rodean, y yo sacrificaré en su tabernáculo sacrificios de júbilo; cantaré y entonaré alabanzas al Señor" (Salmo 27:6).

Durante mucho tiempo pensé que el gozo era algo que yo experimentaba cuando estaba satisfecho, y todo lo que me rodeaba parecía feliz. Ahora sé que el gozo no surge de mis emociones, sino que está guiado por mi voluntad, y es parte de la vida de la alabanza.

"Alegraos, oh justos, en el Señor; en los íntegros es hermosa la alabanza", escribió David en el Salmo 33:1.

El gozo, la acción de gracias y la alabanza figuran juntos, y nuestro compromiso de alabar y dar gracias a Dios en todo no es completo hasta que no podamos gozarnos igualmente en cada cosa.

Una anciana que estaba llena del Espíritu Santo y que había sido una cristiana activa durante muchos años, quedó inválida a causa de artritismo. Años de dolor le quitaron toda la alegría de vivir. La más pequeña faena de la casa suponía para ella una agonía, lo cual le producía una depresión constante.

Ella confiaba en que Dios podía sanarla y fue a reuniones de sanidad, pero iba cada vez peor. Un día oyó acerca del poder en alabar a Dios por todas las cosas e hizo la intención de probarlo. Su tarea no era fácil, pues durante todo el día y durante toda la noche no tenía más que dolores. Pero ella estaba dispuesta a estar genuinamente agradecida por todo su ser, incluidos los dolores.

Un día, llevaba con todo cuidado una bandeja con cacharros de cocina y, de repente, se le cayó la bandeja con todo lo que tenía encima. Le era imposible agacharse con su dolorida espalda y sus tiesos dedos para recoger las cosas del suelo. De costumbre, su reacción cuando algo se le caía al suelo, era echarse a llorar. Pero esta vez recordó su promesa de alabar a Dios.

"Gracias, Señor" —oró— "por permitir que todo se cayera al suelo. Yo creo que tú estás obrando para mi bien."

De repente, se dio cuenta de que estaba rodeada de otros seres. Había estado sola y, sin embargo, ahora sentía la presencia de otros seres. Sobresaltada, vio que estaba rodeada de ángeles. Los ángeles estaban riéndose y regocijándose y sabía que su gozo era por ella. De repente, comprendió.

Jesús dijo a sus discípulos: "Hay gozo delante de los ángeles de Dios por un pecador que se arrepiente" (Lucas 15:10).

Ciertamente, ella era una pecadora salvada cuyo corazón había sido cambiado milagrosamente. Durante años había estado llena de compasión por sí misma y se quejaba de que Dios la dejara sufrir tanto. Ella le pidió que la sanara, e interiormente, pensaba que Dios la abandonaba. Ultimamente reconoció que sus lamentaciones estaban enraizadas en la incredulidad, y hubo gozo entre los ángeles cuando llegó a confiar tanto como para alabar a Dios por la desdichada bandeja caída al suelo, y llena de cacharros de cocina.

Ella estaba en medio de la cocina y se sintió inundada del gozo que llenaba la habitación. Con un corazón gozoso podía dar gracias a Dios sinceramente por haberle permitido experimentar ese gozo.

Algún tiempo después estuvo en una reunión donde oraban por los enfermos. Ella fue confiadamente hacia adelante, pero en su interior, su estado de dolor le impedía creer. Ahora su fe no estaba anclada en sus sentimientos. Era libre para creer, sin tener en cuenta lo intenso de sus sufrimientos. Aquella noche, instantáneamente, se sintió curada. Todos los dolores desaparecieron, sus torcidas articulaciones se tornaron derechas e íntegras.

Somos criaturas que vivimos guiadas por la rutina. Durante mucho tiempo hemos dejado que nuestros sentidos dicten nuestras reacciones. Pero Cristo vino para vivir en nosotros, a fin de que su gozo sea completo en nosotros.

La iniciativa de regocijarnos no puede venir de nuestras emociones, de nuestras mentes, de nuestros sentidos, sino de la parte en nosotros que es espíritu, nacida del Espíritu Santo.

Ahí reside nuestra voluntad, y cuanto más permitamos a nuestra voluntad que tome la iniciativa de nuestra acción, en lugar de darla a nuestros sentidos, tanto más descubriremos que podemos responder en cualquiera situación con alabanza, gozo y acción de gracias. La antigua dependencia de nuestros sentimientos se hace cada vez más débil y si persistimos descubriremos que el gozo que se origina en nuestra voluntad y en nuestro espíritu se extenderá también a nuestros sentidos.

Lo que se ha empezado como un acto de obediencia a la Palabra de Dios, llevará a cabo en nosotros un estado de ser en que sintamos, pensemos y experimentemos una alabanza real y desbordante, una profunda acción de gracias, y un gozo más allá de lo que jamás habíamos conocido.

Cuando nos sometemos enteramente a la voluntad de Dios, de tal modo que todos los obstáculos en nosotros puedan ser apartados y podamos ser moldeados, transformados y renovados en perfectos vasos para él, entonces conoceremos que el gozo del Señor *es* completo en nosotros.

Hace casi veinte años sufría de dolores de estómago. Varios alimentos no me sentaban bien. Consulté a varios médicos y tomé toda clase de medicinas, pero nada me alivió.

Oraba, y confiaba que Dios podía sanarme, pero sin resultado aparente. Otros oraban por mí, líderes cristianos muy conocidos por su ministerio eficaz en la sanidad, grupos que se reunían para orar, pero el problema continuaba.

Clamé creyendo en la promesa que Jesús dio en Marcos 16, que ni siquiera el veneno podría hacer daño y, a menudo, comía cualquiera comida que se me servía. Pero, una y otra vez, experimenté un desastre aparente, y me ponía miserablemente enfermo sin poder dormir, y me sentía **extremadamente triste.**

Finalmente, decidí aceptar por fe que había sido sanado por la muerte de Cristo, y creí que los síntomas desaparecerían cuando Cristo lo creyese conveniente. Durante varios años descansé en esta confianza y di gracias a Dios por lo que había obrado en mi vida en este aspecto, y por lo que había de realizar en mi favor.

Antes de tomar mi retiro como capellán del ejército, los médicos decidieron operarme del estómago. No encontraron nada manifiesto para explicarse los años de dolor que había pasado, y consecuentemente, no pudieron hacer nada para mejorar mi estado.

Cuando, después de la operación, me encontraba en una cama del hospital, los dolores aumentaron mucho más de lo que antes había padecido. Tranquilizantes o drogas no me hacían ningún efecto. Estaba hora tras hora sin poder pegar el ojo, sintiendo como si la oscuridad de la habitación se cercara sobre mí. Pensé que podría casi alcanzar y tocar el poder de las tinieblas rondando alrededor de mí, y luché contra la tentación de entregarme al terror que sentía. No quería morir, pero me espantaba vivir en esa miseria.

Cuando la oscuridad parecía más negra que nunca, grité: "Señor, no me importa lo que pueda ocurrir ni lo miserable que me encuentre, te doy gracias por esta experiencia, pues yo sé que harás algo bueno de ello."

De repente, la oscuridad de la sala del hospital fue iluminada por una luz brillante, más brillante que el sol. Era más brillante que la luz que había visto en una visión hacía algunos años: Entonces, el Espíritu Santo me había explicado la visión. Había una nube oscura sobre una pradera soleada, y sobre la nube había una luz brillante. Más arriba de la nube estaba el estado de gozo y de bendición que Cristo ya nos ha asegurado, pero, para alcanzarlo, teníamos que subir por una escalera a través de la nube oscura de confusión y dolor. Dentro de la nube era imposible conocer la dirección que hay que tomar por el uso ordinario de nuestro sentido, percepción, vista, oído o sentimiento. Sólo podía subirse la escalera por la fe y por la alabanza a Dios en cada paso del camino. Subiendo por la oscura nube, seríamos despojados de la dependencia de nuestros sentidos y aprenderíamos a confiar en la Palabra de Dios. La escalera de la alabanza nos llevaría derecho a lo celestial, para ocupar nuestro lugar con Cristo Jesús.

Estando en la cama de la habitación en el hospital, todo mi cuerpo inundado por esa maravillosa luz brillante, me di cuenta que lo que entonces había sido una visión, era ahora una realidad.

Los años que había estado andando por fe, creyendo que Dios usaba mi dolor para bien, fueron años de escalar a través de las nubes de oscuridad e inseguridad. Sin las nubes, no hubiese podido aprender a dejar mi confianza con mis sentidos y sentimientos. Ahora, podía agradecer a Dios de todo corazón por cada circunstancia de mi vida que se añadía a las nubes oscuras. ¿Cómo hubiera podido si no haber aprendido a confiar totalmente en Dios? ¿Cómo hubiera podido, de otro modo, experimentar la bella saturación de luz y de gozo?

Cuando volví a mi casa me di cuenta de que

Dios también había hecho algo en cuanto a mi estómago.

Los alimentos que antes me causaban fuertes dolores durante varias horas, ahora ya no me molestaban. Disfrutaba comiendo fresas, manzanas, bananas, helados, todas las cosas de las que tuve que privarme durante años.

A lo largo de varios años, otros habían sido sanados cuando oraba por ellos, pero Dios había querido fortalecer mi fe dejándome confiar en su Palabra.

La alabanza da libertad al poder de Dios para sanar, pero la sanidad es de una importancia secundaria. En tanto que estamos preocupados en primer lugar con nuestro propio bienestar, nuestro deseo de ser sanados y de estar libres de dolores físicos, tenemos la perspectiva equivocada. Realmente, nuestra preocupación es la de saber cuál es el plan de Dios para nosotros.

Hace años, me asusté porque pensé que iba a perder los dientes, pues un día me dijo el dentista que mis encías estaban infectadas y que los huesos alrededor de los dientes estaban deteriorados. La radiografía que me hicieron no presagiaba nada bueno, ¡pronto se me caerían los dientes!

Abandoné, descorazonado, el consultorio del dentista. Por supuesto, sabía que debía estar agradecido a Dios por hallarme en ese estado, pero no me sentía muy feliz.

"Gracias, Señor", dije. "Te estoy agradecido por haber permitido que mis dientes se encuentren en este estado. Estoy seguro de que sabes, mejor que yo, lo que es lo mejor para mí, así que te alabo."

Mientras daba las gracias me sentí más agradecido y, precisamente, en aquel momento me encontré con una amiga, a la que conté la nueva oportunidad para alabar al Señor.

—¿Le ha pedido que le sanara? —me preguntó.

—No —le contesté—. Me he dado cuenta de que perder los dientes no es algo para inquietarse, ya que nada ocurrirá si Dios no lo permite.

—Creo que Dios desea que tenga usted los dientes sanos —dijo mi amiga, colocando sus manos sobre mi hombro, y diciendo: "Amado Señor, gracias por permitir que los dientes de Merlin estén en el deteriorado estado en que se encuentran. Te alabamos y te pedimos que puedas ser glorificado en ello y que Merlin sea sanado completamente."

Tres días más tarde volví a la consulta del dentista y esperé mientras él examinaba cuidadosamente mi nueva radiografía. Vi que tenía una mirada perpleja y puso a un lado la radiografía para observar atentamente mi boca. Movió su cabeza y murmuró como para sí, mientras yo pensaba que, *tal vez todo estaba aún peor de lo que yo esperaba.*

Finalmente, el dentista me miró de pies a cabeza, y preguntó: —Pero, ¿qué es lo que ha hecho con sus dientes?

—Absolutamente nada —le respondí.

—Entonces, no entiendo nada —me dijo.

Miró la radiografía antigua, y luego la nueva.

—Sus dientes —continuó diciendo— están perfectamente, y sus encías ya no están infectadas ni inflamadas. Toda su boca está perfectamente.

Yo me sonreí. ¡Cuán maravilloso era saber que

Dios me había sanado, pero era aún mejor saber que la sanidad no es lo más importante! El pequeño temor que me corroía por tener dientes malos había desaparecido. Yo sabía que teniendo o no los dientes en buen estado, podía estar en perfecta unión con Cristo, y confiar en el amoroso cuidado de Dios en cada detalle de mi vida, y esto era lo que realmente importaba.

Recientemente recibí una carta de una querida señora de New Hampshire. Vivía sola con su hijito y cuando me escribió había tenido que estar acostada de espaldas y con dolores constantes después de dos graves operaciones. Y me escribía así:

"¡Alabado sea Dios por su gran misericordia! Estaba muy desanimada después de mi última operación, pero alguien me dio *El secreto del poder espiritual.* Decidí entonces alabar a Dios por mi enfermedad y puse mi mirada en Jesús. Desde entonces, no es que haya desaparecido mi dolor, pero he llegado a conocer a mi Salvador de un modo más profundo, y el Espíritu Santo me ha dirigido maravillosamente.

"Algunos de mis amigos me dicen que Dios me hace sufrir para castigarme. Pero sé que no es así. Jesús nunca me ha acusado, en su lugar me ha enseñado mucho acerca de su amor. En estos últimos meses me ha mostrado, por su Palabra, cosas que no deberían estar en mi corazón ni en mi vida, sentimientos y pensamientos que no son los de Cristo. Dios, en su infinito amor me ha perdonado y sanado cada rasguño de antiguas ofensas en mi vida.

"He aprendido a dar gracias a Dios por las cosas difíciles y hasta por el dolor. Amo al Señor con todo mi corazón. No comprendo por qué me guía por los caminos que me lleva, pero sé sentirme feliz y tener "gozo" en mis enfermedades (2 Corintios 12:10) y andar por este camino por amor a Dios, a quien, ciertamente, alabo.

"Tengo que volver al hospital para una tercera operación. Doy gracias a Dios por ello, sabiendo que él hará esto para bien. Yo sé que puede sanarme, y le doy gracias por lo que decida, en su amor, que ha de ser lo mejor para mí."

Su carta estaba llena de genuino gozo y de profunda gratitud. Su cuerpo físico aún estaba sufriendo, pero había experimentado una sanidad en sus emociones y en su interior, habiendo entrado en una comunión maravillosa con Dios por Cristo. Todo lo demás, hasta su salud, había venido a ser secundario.

Unidad con Dios en Cristo era la metà que Pablo quería alcanzar. Jesús sabía que su propósito al venir a la tierra era quitar la barrera del pecado entre Dios y el hombre, para que así pudiera estar unido el Creador con su creación, como lo había deseado desde el principio.

Antes de su crucifixión, Jesús oró así por nosotros:

"No ruego solamente por éstos, sino también por los que han de creer en mí por la palabra de ellos, para que todos sean uno; como tú, oh Padre, en mí, y yo en ti, que también ellos sean uno en nosotros; para que el mundo crea que tú me enviaste. La gloria que me diste, yo les he dado, para que sean uno, así como nosotros somos uno. Yo en ellos, y tú en mí, para que sean perfectos en unidad, para que el mundo conozca que tú me enviaste, y que los has amado a ellos como también a mí me has amado. Padre, aquellos que me has dado, quiero que donde yo estoy, también ellos estén conmigo, para que vean mi gloria que me has dado; porque me has amado desde antes de la fundación del mundo. Padre justo, el mundo no te ha conocido, pero yo te he conocido, y éstos han conocido que tú me enviaste. Y les he dado a conocer tu nombre, y lo daré a conocer aún, para que el amor con que me has amado, esté en ellos, y yo en ellos" (Juan 17:20-26).

Jesús oró, y sabemos que para algunos esta oración fue contestada. Pablo nos asegura que hemos sido colocados con Cristo. Cristo mora en nosotros. Somos uno con él y con el Padre.

Cuando empezamos a comprender todo el significado de estos hechos realizados, cada cosa empieza a tomar su verdadera perspectiva en nuestras vidas.

Las circunstancias que entonces se salían de la debida proporción frente a nuestra relación con Cristo, y cautivaban toda nuestra atención, pueden verse ahora dentro del plan que Dios está realizando en nuestras vidas. Aun no vemos el plan, pero vemos a Jesucristo como Señor y Maestro, y sabemos que Dios tiene un plan, y esto es suficiente.

He recibido muchas cartas de personas que están en cárceles y penitenciarías de todo el país, desde que fue publicado *El secreto del poder espiritual*.

Un joven, condenado a pena de muerte, me escribió así:

"He sido sentenciado a morir en la silla eléctrica. Sé que tengo que morir, y durante mucho tiempo no tenía ninguna esperanza más allá de la muerte. El temor dominaba todos mis pensamientos, y me sentía abandonado por Dios y por los hombres. Entonces leí *El secreto del poder espiritual*. Era como si mi mente hubiera recobrado la vida de nuevo. Me atreví a creer que Dios es real y obra en cada vida para guiarnos a aceptar a su Hijo como Salvador y Señor.

"Miré atrás a mi propia vida ruin y comprendí que cada cosa había ocurrido con el permiso de Dios, a fin de que pudiese llegarme a él. Me llegué a él, y en instante deslumbrador me convencí de que Dios hace todas las cosas para nuestro bien y para su gloria. Por vez primera me di cuenta de que toda mi vida estaba bendecida por Dios y que, por la fe en su Hijo, le pertenecía a él. Ahora soy completamente libre y estoy lleno de su paz y de su gozo."

Otro preso me escribió:

"Había aprendido a odiar a todo el mundo y todas las cosas. A pesar de intentarlo, no podía encontrar razón alguna para ser feliz viviendo. Alguien me entregó *El secreto del poder espiritual*, y, al principio de leerlo, pensé que era una completa tontería. Pero cuanto más pensaba acerca de ello, empecé a intentar dar gracias a Dios por mi vida desordenada. Después de todo, ya me encontraba en el fondo, ¿qué más podía perder?

"Comencé a recordar cada detalle de mi vida, uno por uno, según iban viniendo a mi memoria. Di gracias a Dios porque cada incidente formaba parte de su plan para mi vida. Todo su curso parecía bastante loco, pero me esforcé en seguir. Cuando me detenía, algo ocurría dentro de mí.

Empecé a pensar que Dios estaba personalmente implicado en mi enredada vida. ¿Podía ser realmente cierto que él tuviese interés por mí? Sucesos que había olvidado se agolpaban de nuevo en mi mente. Antes los había considerado trágicos, y ahora empezaba a verlos como parte de los designios fieles de Dios para convencerme de que le necesitaba.

"Le alabé por cada detalle de mi vida; le di gracias por las personas que me habían odiado, maltratado, traicionado. Le di gracias por aquellos a quienes había odiado, maltratado y traicionado."

"Una paz resplandeciente comenzó a inundarme. Dios estaba sanando todos los recuerdos amargos. Los muros de la prisión se desvanecieron y en su lugar, una paz me rodeaba. Ni los muros ni los barrotes me podían ya aprisionar. ¡Ahora me siento libre, alabado sea Dios!"

Me llegó otra carta, ésta de un cristiano que estaba en una penitenciaría del Oeste, fuertemente custodiado. Comenzaba así:

"¡Alabado sea Dios! La asistencia a nuestra iglesia y a los grupos de estudio bíblico por la noche está aumentando. La semana pasada tres hombres aceptaron a Cristo como su Salvador. ¡Imagínese lo que significaría si tres almas se entregasen a Jesús cada semana detrás de estos muros!" (Una carta posterior me decía que en los siguientes meses doce hombres aceptaron a Cristo y cuatro recibieron el bautismo del Espíritu Santo). "Apreciamos verdaderamente las oraciones de los hermanos en Fort Benning. El Señor está haciendo sentir su presencia en esta institución como jamás lo habíamos notado antes... Dios está contestando nuestras oraciones y algún día veremos pertenecer muchas almas a Jesús entre los presos. ¡Qué bendición ha sido el leer *El secreto del poder espiritual.* Nos gozamos en la posibilidad de un ministerio dentro de los muros de la prisión, a fin de que podamos escuchar algo de las enseñanzas de nuestros hermanos cristianos "de fuera".

"¡Dios es tan grande! Hace ocho años atravesaba la puerta de esta prisión con una condena de diez a ochenta años por robo de armas. Pensaba que mi porvenir no me reservaba más que una bala de la policía o una amnistía por alcoholismo. Probé todos los programas de rehabilitación, pero cuando salía, bajo palabra de honor, me emborrachaba y tenía que volver a la prisión. Sinceramente intenté cambiarme a mí mismo, pero no lo conseguía.

"Entonces, hace seis meses, en un instante, Jesucristo realizó el cambio para mí. Fui transformado, como dice la Biblia (2 Corintios 5:17). Desde entonces, Jesucristo ha estado limpiando mi vida, dejando penetrar su luz en todos los rincones sombríos. ¡Alabado sea Dios! Nadie tiene un programa de rehabilitación digno de mención, comparado con el que Cristo puede ofrecer. ¡Los hombres no pueden cambiar el hombre interior, pero Cristo sí puede hacerlo!

"¡Alabado sea el maravilloso Cristo! El derramó sobre mí la luz del amor de Dios. El gozo de vivir con Jesús se hace de día en día más intenso.

"Gracias por unirse con nosotros en oración por un continuo avivamiento entre los prisioneros, y por un fortalecimiento de los nuevos conversos... Amor de los hermanos en Jesús."

Este hermano cristiano está viviendo y alabando a Dios en circunstancias que muchos de nosotros llamaríamos oscuras y difíciles. Sin embargo, para él, la perspectiva ha cambiado totalmente. Conoce el gozo de permanecer en Jesucristo, y cualquiera otra cosa en su vida se ha vuelto secundaria. Ha aprendido a "estar siempre gozoso; a orar sin cesar; a dar gracias en todo" (1 Tesalonicenses 5:16-18).

Juan Wesley escribió en su comentario sobre este pasaje: *"Estar siempre gozosos,* en ininterrumpida felicidad con Dios. *Orar sin cesar,* lo cual es el fruto de gozarse siempre en el Señor. *Dar gracias en todo,* lo cual es el fruto de estar siempre gozoso y de orar sin cesar. Esta es la perfección cristiana. Más allá de esto no podemos ir; es necesario no pararnos delante de ello. Nuestro Señor ha comprado el gozo, así como la justificación, para nosotros. La finalidad principal del evangelio es que, siendo salvados del pecado, seamos felices en el amor de Cristo. La acción de gracias es inseparable de la verdadera oración, y está casi esencialmente unida a ella. Aquel que siempre ora, siempre está dando gracias, bien sea en la alegría o en el dolor, tanto por la prosperidad como por la más grande adversidad, y bendice a Dios por todas las cosas, mirándolas como viniendo de él, y recibiéndolas únicamente por su causa; no eligiéndolas ni rechazándolas, sin gustarle ni disgustarle nada, sino sólo como siendo agradable o desagradable a la perfecta voluntad de Dios." (Notas en su Nuevo Testamento.)

Vivir una vida en ininterrumpida felicidad en Dios, viendo cada circunstancia como viniendo de su mano, y dándole gracias por ello, ésta es la perfección cristiana.

No hay nada que sea casual en los planes de Dios para nuestras vidas. Nada, absolutamente nada, aunque sea extraño, inconsistente, o aun pareciéndonos malo a nosotros, sucede sin el consentimiento específico de Dios.

Una señora me escribió su extraña historia, que ilustra este punto.

Ella nació con una sola mano y desde el momento en que tuvo suficiente edad para darse cuenta de que era diferente de los demás niños, se puso un echarpe sobre el muñón de su brazo para ocultar su impedimento. Siempre tenía presente, con dolor, su deformidad, y cuando llegó a ser una joven se dio a la bebida para esconder su prejuicio.

Ya tenía cincuenta y seis años, cuando me escribió lo que sigue:

"Hace seis meses visité a mi hermana y ella tomó a broma lo que usted refiere en cuanto a alabar a Dios por cada problema o tragedia en la vida. Cuando la escuchaba, sentí como si alguien me hubiese dado un golpe en el estómago. Me sentí mal. Después de tantos años de acusar a Dios por mi desgracia, no estaba dispuesta a darle las gracias por ello. Yo dije: "Señor, olvídalo. Te doy gracias por haberme librado del alcohol, pero no puedo darte las gracias por lo otro."

"Pero cuanto más lo intentaba, no podía quitar de mi mente el pensamiento de dar gracias a Dios, pues lo tenía presente día y noche. Finalmente, dije: Señor, ¿por qué no me libras de esto? Haré cualquiera cosa por ti, pero esto, no. No puedo, sencillamente. Pero no podía hallar descanso. Al fin, volví a tomarlo una vez más a broma. Mas esta vez oí algo que no había oído antes. Usted dice que cuando el joven soldado y su esposa se sintieron *incapaces* de dar gracias a Dios, por la cosa tan terrible con la que habían sido amenazados, dijeron que estaban *dispuestos a intentarlo*, y que el resto pareció fácil. Por entonces, había llegado al punto de intentar cualquier cosa, sólo con el fin de tener algún sosiego. De forma que dije a Dios que estaba *dispuesta* a intentarlo, aun cuando estaba segura de que *no podía*. Tan pronto como lo dije, pareció como si una carga muy pesada se me hubiera quitado de encima. Empecé a alabar a Dios, las lágrimas surcaban mi rostro, y fue como dice el himno: "Los cielos bajaron y la gloria llenó mi alma". En medio de todo ese gozo, el Señor me habló diciendo: "Espere un momento, aún no he terminado con usted." Me senté. ¿Qué podía haber aún? Acababa de hacer el sacrificio supremo, y dado gracias a Dios por la deformidad que había odiado toda mi vida. Pero claramente se formaron estas palabras en mi mente: "Nunca más tiene usted que llevar un echarpe sobre el muñón del brazo."

Por unos instantes, me sentí como agarrotada. "No, Señor", murmuré, "esto ya es demasiado. No me pidas que haga eso."

"Mientras que estés escondiéndolo, no estás realmente agradecida, aún continúas avergonzada", fue el cariñoso reproche. Con lágrimas en los ojos, asentí: "Estoy dispuesta a intentarlo", prometí. "Pero dame las fuerzas para llevarlo a cabo.".

"Después de esto, la vez primera que tuve que salir de casa, me vestí, y automáticamente, cogí mi echarpe. Pero, al momento, sentí la advertencia: ¡No!, ¡no!

"Por vez primera salí de casa sin esconder el brazo. Tan pronto como cerré la puerta detrás de mí, se disipó todo sentimiento de vergüenza y de culpa. Por vez primera en mi vida sabía lo que era estar realmente libre. Sabía que Dios me ama tal cual soy. ¡Alabado sea el Señor!"

Dios permite cada circunstancia en nuestra vida por una buena razón. Por medio de ellas intenta llevar a cabo su plan de perfecto amor para con nosotros. Dios permitió que esa señora naciera sin una mano porque la amaba. Dios permitió a Satanás que atormentase a Job porque amaba a Job. Dios permitió que Cristo fuera clavado en la cruz, porque amaba a su Hijo, y porque nos ama a nosotros. Dios permitió la oscuridad y las fuerzas del mal entonces para obtener una victoria *aparente* (aparente a nuestros sentidos), a pesar de que el plan perfecto de Dios para la salvación del mundo estaba realizado.

Nadie lo sabía mejor que Jesús. Algunos lectores me han escrito diciendo que Jesús se quejó cuando colgaba de la cruz, al exclamar: "Dios mío, Dios mío, ¿por qué me has abandonado?"

Pero pensar que Jesús se quejase está en total contradicción con todo lo que Jesús dijo e hizo acerca de su crucifixión.

Nadie mejor que Jesús conocía cada detalle del plan de Dios para salvar el mundo. Jesús habló a menudo con sus discípulos acerca de su crucifixión y resurrección, citando pasajes de los Salmos y de los Profetas que anunciaban su sacrificio en la cruz. Es más, Jèsús animó a sus discípulos a que se gozaran por lo que había de ocurrir.

Recuerden que les dijo: "Si me amarais, os habríais regocijado, porque he dicho que voy al Padre; porque el Padre mayor es que yo" (Juan 14:28).

También les dijo que nadie podía quitarle la vida sin su propio consentimiento.

"Por eso me ama el Padre, porque yo pongo mi vida, para volverla a tomar. Nadie me la quita, sino que yo de mí mismo la pongo. Tengo poder para ponerla, y tengo poder para volverla a tomar. Este mandamiento recibí de mi Padre" (Juan 10:17, 18).

Los discípulos habían sido enseñados en la verdadera realidad, pero cuando las cosas se pusieron difíciles, ellos reaccionaron dando la victoria aparente al mal, y se precipitaron a defender a Jesús de los soldados que iban a prenderle.

Jesús les contuvo, y dijo: "Vuelve tu espada a su lugar; porque todos los que tomen espada, a espada perecerán. ¿Acaso piensas que no puedo ahora orar a mi Padre, y que él no me daría más de doce legiones de ángeles? ¿Pero cómo entonces se cumplirían las Escrituras, de que es necesario que así se haga?" (Mateo 26:52-54).

Jesús sabía que la Palabra de Dios, las Escrituras, tenían que cumplirse. Ninguna circunstancia o acción por nuestra parte puede cambiar la realización final de la Palabra de Dios. Jesús mismo estaba sujeto a la Palabra, aunque él *es* la Palabra hecha carne.

Los judíos que rodeaban la cruz donde Jesús estaba colgado, se hallaban familiarizados con los pasajes del Antiguo Testamento que profetizan la venida del Mesías que habría de ser crucificado por sus pecados.

Las palabras que Jesús pronunció: "Dios mío, Dios mío, ¿por qué me has abandonado?", eran las palabras de introducción del conocido Salmo 22, un Salmo de alabanza y de victoria, anunciando la crucifixión y el futuro reinado del Rey Mesías.

La agonía de Jesús en la cruz era real. Los clavos que taladraron sus manos le produjeron dolor, así como nos habrían dolido a nosotros de estar clavados allí. Pero Jesús sabía que su sufrimiento no era una victoria para Satanás y para las fuerzas del mal, sino que era parte del plan de Dios, Jesús alabó a Dios por sus sufrimientos, porque sabía que llevaría la victoria final sobre el mal en el mundo.

"Dios mío, Dios mío, ¿por qué me has desamparado? ¿Por qué estás tan lejos de mi salvación, y de las palabras de mi clamor? Dios mío, clamo de día, y no respondes; y de noche, y no hay para mí reposo. Pero tú eres santo, tú que habitas entre las alabanzas de Israel. En ti esperaron nuestros padres; esperaron, y tú los libraste. Clamaron a ti, y fueron librados; confiaron en ti y no fueron avergonzados. Mas yo soy gusano, y no hombre; oprobio de los hombres y despreciado del pueblo. Todos los que me ven me escarnecen; estiran la boca, menean la cabeza, diciendo: Se encomendó al Señor; líbrele él, sálvele, puesto que en él se complacía. Pero tú eres el que me sacó del vientre; el que me hizo estar confiado desde que estaba a los pechos de mi madre. Sobre ti fui echado desde antes de nacer; desde el vientre de mi madre, tú eres mi Dios. No te alejes de mí, porque la angustia está cerca; porque no hay quien ayude. Me han rodeado muchos toros; fuertes toros de Basán me han cercado. Abrieron sobre mí su boca como león rapaz y rugiente. He sido derramado como aguas, y todos mis huesos se descoyuntaron; mi corazón fue como cera, derritiéndose en medio de mis entrañas. Como un tiesto se secó mi vigor, y mi lengua se pegó a mi paladar, y me has puesto en el polvo de la muerte. Porque perros me han rodeado; me ha cercado cuadrilla de malignos; horadaron mis manos y mis pies. Contar puedo todos mis huesos; entre tanto, ellos me miran y me observan. Repartieron entre sí mis vestidos, y sobre mi ropa echaron suertes. Mas tú, Señor, no te alejes; fortaleza mía, apresúrate a socorrerme. Libra de la espada mi alma, del poder del perro mi vida. Sálvame de la boca del león, y líbrame de los cuernos de los búfalos. Anunciaré tu nombre a mis hermanos; en medio de la congregación te alabaré. Los que teméis al Señor, alabadle; glorificadle, descendencia toda de Jacob, y temedle vosotros, descendencia toda de Israel. Porque no menospreció ni abominó la aflicción del afligido, ni de él escondió su rostro; sino que cuando clamó a él, le oyó. De ti será mi alabanza en la gran congregación; mis votos pagaré delante de los que le temen. Comerán los humildes, y serán saciados; alabarán al Señor los que le buscan; vivirá vuestro corazón para

siempre. Se acordarán, y se volverán al Señor
todos los confines de la tierra, y todas las fami-
lias de las naciones adorarán delante de ti. Porque del Señor es el reino, y él regirá las naciones.
Comerán y adorarán todos los poderosos de la
tierra; se postrarán delante de él todos los que
descienden al polvo, aun el que no puede conservar la vida a su propia alma. La posteridad
le servirá; esto será contado del Señor hasta la
postrera generación. Vendrán, y anunciarán su
justicia; a pueblo no nacido aún, anunciarán que
él hizo esto" (Salmo 22).

Las últimas palabras de Jesús en la cruz antes
de que diera su espíritu, fueron: "Consumado
es", "y habiendo inclinado la cabeza, entregó el
espíritu" (Juan 19:30).

Jesús se refirió a menudo al profeta Isaías
quien profetizó con asombrosa precisión su vida
y muerte y su futuro reinado.

"Mas él herido fue por nuestras rebeliones,
molido por nuestros pecados; el castigo de nuestra paz fue sobre él, y por su llaga fuimos nosotros curados. Todos nosotros nos descarriamos
como ovejas, cada cual se apartó por su camino;
mas el Señor cargó en él el pecado de todos nosotros. Angustiado él, y afligido, no abrió su boca;
como cordero fue llevado al matadero; y como
oveja delante de sus trasquiladores, enmudeció,
y no abrió su boca. Por cárcel y por juicio fue
quitado; y su generación, ¿quién la contará? Porque fue cortado de la tierra de los vivientes, y
por la rebelión de mi pueblo fue herido. Y se
dispuso con los impíos su sepultura, mas con los
ricos fue en su muerte; aunque nunca hizo maldad, ni hubo engaño en su boca. Con todo eso,

el Señor quiso quebrantarlo, sujetándole a padecimiento. Cuando haya puesto su vida en expiación por el pecado, verá linaje, vivirá por largos días, y la voluntad del Señor será en su mano prosperada. Verá el fruto de la aflicción de su alma, y quedará satisfecho; por su conocimiento justificará mi siervo justo a muchos, y llevará las inquidades de ellos. Por tanto, yo le daré parte con los grandes, y con los fuertes repartirá despojos; por cuanto derramó su vida hasta la muerte, y fue contado con los pecadores, habiendo él llevado el pecado de muchos, y orado por los transgresores" (Isaías 53:5-12).

Jesús sabía que su crucifixión no era una frustración del plan de Dios, sino su cumplimiento. Sin embargo, los discípulos no lo comprendían. Veían la crucifixión de Jesús como el fin de todas sus esperanzas y sueños para el futuro. No recordaban las palabras de Jesús cuando les había dicho: "También vosotros ahora tenéis tristeza; pero os volveré a ver, y se gozará vuestro corazón, y nadie os quitará vuestro gozo" (Juan 16:22).

Los discípulos no esperaban volver a ver a Jesús, y cuando les dijeron que ya no estaba en la tumba, pensaron que su cuerpo había sido robado.

Aquel mismo día, algo más tarde, dos de los seguidores de Jesús caminaban desde Jerusalén a Emaús. Hablaban de la muerte de Jesús, cuando, de repente, Jesús mismo se puso a su lado, y caminaba con ellos. Pero no le reconocieron.

Viendo sus caras tristes, les dijo: —¿De qué hablaban?

—¿No ha oído? —le respondió uno de ellos,

llamado Cleofas—. Debe ser usted la unica persona en Jerusalén que no ha oído acerca de las cosas terribles que han sucedido la semana pasada.

Jesús escuchaba lo que le referían acerca de su triste historia, del maravilloso Jesús de Nazaret que había hecho tan grandes milagros que ellos estaban seguros de que era el Mesías que había venido a rescatar a Israel, pero los dirigentes religiosos le habían entregado al gobernador romano y había sido crucificado. Los hombres hablaban como si ellos hubiesen presenciado la tragedia más grande que el mundo había conocido. Al final de todo, dijeron que el cuerpo de Jesús no estaba en la tumba, y que unas mujeres habían referido que habían visto ángeles que les habían dicho que Jesús estaba vivo. Los hombres estaban seguros de que la última parte del relato sólo podía ser un cuento.

"Entonces Jesús les dijo: ¡Oh insensatos, y tardos de corazón para creer todo lo que los profetas han dicho! ¿No era necesario que el Cristo padeciera estas cosas, y que entrara en su gloria? Y comenzando desde Moisés, y siguiendo por todos los profetas, les declaraba en todas las Escrituras lo que de él decían" (Lucas 24:25-27).

Entonces se acercaban a Emaús, y como se estaba haciendo tarde, los dos hombres pidieron al extranjero que pasase la noche con ellos. ¡Aún no habían reconocido a Jesús!

Jesús entró en la casa con ellos, "y aconteció que estando sentado con ellos a la mesa, tomó el pan y lo bendijo, lo partió, y les dio. Entonces les fueron abiertos los ojos, y le reconocieron;

mas él se desapareció de su vista" (Lucas 24:30, 31).

Al fin, creyeron. Pero durante mucho tiempo no pudieron ver nada más que las circunstancias exteriores, olvidando completamente el ver el perfecto plan de Dios manifestado.

Los discípulos habían visto a su maestro crucificado, un triunfo aparente del mal sobre el bien, y lo habían tomado como una prueba de que Dios no estaba presente con ellos. Sin embargo, si hubiesen creído en la Palabra de Dios anunciada por los profetas, hubieran tomado las mismas circunstancias como una evidencia de que Dios *estaba* con ellos realizando su plan.

Nosotros, también somos como los discípulos. Cuando viene la prueba y la tristeza se pone en nuestro camino, nuestra primera reacción es: "¡Oh Dios!, ¿por qué me has abandonado?"

Pero Jesús dice: "En el mundo tendréis aflicción; pero confiad, yo he vencido al mundo" (Juan 16:33).

Si verdaderamente creyésemos en las palabras de Jesús veríamos nuestras circunstancias como una evidencia de la presencia de Dios en nosotros, le alabaríamos y le daríamos gracias por ellas, en lugar de quejarnos y murmurar.

Si movemos nuestras cabezas para ver las condiciones del mundo, decimos: "Ciertamente, Dios no está haciendo mucho en nuestros días."

Pero Jesús dijo a sus seguidores que esperasen que hubiese guerras, terremotos, hambres, revoluciones, epidemias, contaminaciones, revolución sexual, etc., una lista que es una imagen perfecta del mundo actual y una promesa de que aún irá empeorándose.

Jesús dijo: "Cuando estas cosas comiencen a suceder, erguíos y levantad vuestra cabeza, porque vuestra redención está cerca" (Lucas 21:28).

Cuando las cosas van mal en este mundo, no quiere decir que Dios esté ausente o que sea indiferente. Todo lo contrario. Todos esos signos son una evidencia de que Dios está muy cerca, de que cada parte de su plan y de su propósito se está realizando, conforme se nos ha prometido en su Palabra.

Jesús dijo a sus discípulos que se gozasen por su crucifixión. Si hubieran podido confiar en su Palabra, habrían podido experimentar gozo en lugar de pena. La Palabra de Dios nos dice que nos gocemos en las aflicciones.

San Pedro escribió: "A Jesús amáis sin haberle visto, en quien creyendo, aunque ahora no lo veáis, os alegráis con gozo inefable y glorioso" (1 Pedro 1:8).

De modo, que ¿qué es lo que quiere usted creer? ¿Querrá seguir su propio camino como lo hicieron los dos hombres que marchaban hacia Emaús tristes y preocupados por las circunstancias exteriores, convencidos de que Dios estaba lejos? O, por el contrario, ¿tendrá abiertos sus ojos y le estará agradecido?

Reciba el pan, la Palabra, la vida, la paz, el gozo, que Jesús le ofrece. Considere que Jesús está con usted, y que Dios está obrando en cada circunstancia de su vida para ayudarle en sus necesidades.

¡Esto mismo que piensa usted es una prueba dolorosa de la ausencia de Dios en su vida y es una prueba de su provisión amorosa para llevarle más cerca de él, a fin de que el gozo de usted sea perfecto!

¡Mire hacia él y alábele! ¡El le ama y mora en la alabanza de su pueblo!

ALEGRAOS, OH JUSTOS, EN EL SEÑOR; en los íntegros es hermosa la alabanza.

Aclamad al Señor con arpa; cantadle con salterio y decacordio.

Cantadle cántico nuevo; hacedlo bien, tañendo con júbilo.

Porque recta es la palabra del Señor, y toda su obra es hecha con fidelidad.

El ama justicia y juicio; de la misericordia del Señor está llena la tierra.

Por la palabra del Señor fueron hechos los cielos, y todo el ejército de ellos por el aliento de su boca.

El junta como montón las aguas del mar; él pone en depósitos los abismos.

Tema al Señor toda la tierra; teman delante de él todos los habitantes del mundo.

Porque él dijo, y fue hecho; él mandó, y existió.

El Señor hace nulo el consejo de las naciones, y frustra las maquinaciones de los pueblos.

El consejo del Señor permanecerá para siempre; los pensamientos de su corazón por todas las generaciones.

Bienaventurada la nación cuyo Dios es el Eterno, el pueblo que él escogió como heredad para sí.

Desde los cielos miró el Señor; vio a todos los hijos de los hombres.

Desde el lugar de su morada miró sobre todos los moradores de la tierra.

El formó el corazón de todos ellos; atento está a todas sus obras.

El rey no se salva por la multitud del ejército, ni escapa el valiente por la mucha fuerza.

Vano para salvarse es el caballo; la grandeza de su fuerza a nadie podrá librar.

He aquí el ojo del Señor sobre los que le temen, sobre los que esperan en su misericordia.

Para librar sus almas de la muerte, y para darles vida en tiempo de hambre.

Nuestra alma espera al Señor; nuestra ayuda y nuestro escudo es él.

Por tanto, en él se alegrará nuestro corazón, porque en su santo nombre hemos confiado.

Sea tu misericordia, oh Señor, sobre nosotros, según esperamos en ti Salmo 33).

Nos agradaría recibir noticias suyas.
Por favor, envíe sus comentarios sobre este libro
a la dirección que aparece a continuación.
Muchas gracias.

Editorial Vida
Vida@zondervan.com
www.editorialvida.com